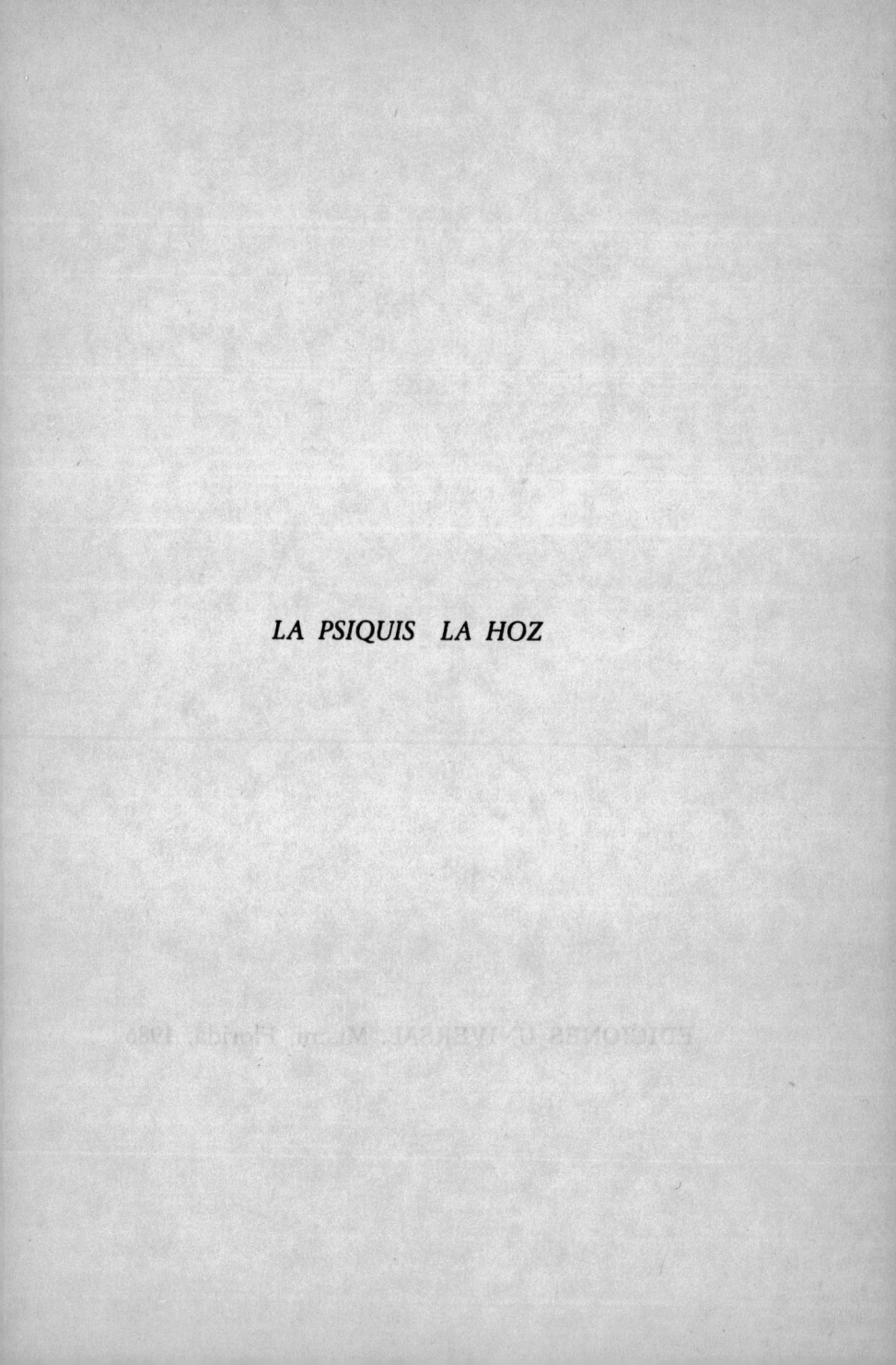

*LA PSIQUIS LA HOZ*

EDICIONES UNIVERSAL. Miami, Florida, 1986

*ST. JOHN TROYA*

# LA PSIQUIS
# LA HOZ

P.O. Box 450353 Shenandoah Station
Miami, Florida, 33145, U.S.A.

© Copyright 1984 by St. John Troya

Library of Congress Catalog Card No.: 85-82170

I.S.B.N.: 0-89729-384-3

Depósito Legal B.: 38.022 - 1985

*Printed in Spain*  *Impreso en España*

Impreso en los Talleres de Artes Gráficas
de Editorial Vosgos, S.A. Avda. Verge de Montserrat, 8.
08024 - Barcelona (España)

Tiempo ha, estaba el sacerdote en el púlpito.

El templo al aire libre.

El pueblo fanático bajo la inclemencia del sol tropical, rendia culto a su fe, sus ojos anhelantes sólo al mago veían.

El cerebro entontecido únicamente al taumaturgo creía.

El Tálamo en el, Diencefalo todo razonamiento aborrecia.

El templo: La Plaza Cívica.

El Hieródulo: Castro.

Todo esto fué tiempo ha.

Y era profeta de una secta comunista, enemiga de la realidad fisiológica, hermana gemela de la esclavitud.

Y la Naturaleza dólida dijo: Basta de estigma sobre el hombre, términe ya la ignominia; Libres sean los cerebros. Tiempo ha.

Hubo un hombre alto, que se burlaba de sus compatriotas, no solo con sonrisa sarcástica, si no que leyes que todo lo descalabraban, con el dedo indice su vigencia inapelable marcaba.

Para mantenerlos en la, Psicastenia hacia más, los tesoros que de la fértil tierra, al cúltivarla el campesino brotabán, a los Soviéticos que lejos habitan, regalaba; Cuando la flota agotada del luengo pescar a puerto arribaba el inepto estadista la consecha del impetuoso mar, por armas trocaba, para el colonialismo de los Soviéticos imponer.

Aquel ciudadano infiel que la buena fe de los cubanos engañaba;

Cuando descubrió que sus amos por una computadora, Norteamericana a él lo canjeaban, se ahogo de rabia en, La Plaza Cívica ante el, Apóstol que despreciábalo tiempo ha el más esplendoroso día de las naciones, Americanas que aún la doctrina, Bolivariana sobre sus pueblos, amandola, como baluarte alzan.

Ahí viene, ahí está, llegó al galope tendido, en el cerebro del cubano el Mefistófeles Castrocomunista, su daga clavado ha.

Oh vergüenza, más que dolor, hambre, guerra y enfermedad.

La dignidad humana, la razón del, Homo Sapiens desángrandole está.

Con la generosa sangre se refocila, el que del, Apocalipsis sobre todos adelantado está.

Allí donde existió el pánico bestial. Donde la noche tenebrosa aún el fuego no lograba apartar y el cerebro no era capaz, el Castrocomunismo, no hubiera sido progreso, al igual que hoy, Antifisiológico.

Destrucción de la Horda.

¡Qué estúpidos! Tus caros y modernos fusiles en un pueblo de hambre.

¡Sí! Matan hombres honrados, más de los cerebros destrozados, germinan ideas para nuevos consagrados; Ideas que tocan el corazón y jamás fusiles algunos podrán borrar.

Hubo quien leyendo, Los Zapaticos De Rosas, se sintió conmovido, más no por, Pilar o la madre buena, ni por la niña enferma.

Sí, por Alberto el militar que salió en la procesión con tricornio y bastón.

Hoy se pasea por el Mundo, Comandante rojo y negro en honores y el pensamiento que labró y adoró el autor, rompe en terrores de cárceles y exilios en la, Isla donde las señoras como flores, lloran a los héroes fusilados por la Patria amar.

Pasó el tiempo y pasó un Águila por el mar y cuando el sol se ponía detrás de un monte dorado los cubanos unidos en el amor, Martiano vencieron al, Impostor Malhadado.

Y dice una mariposa, que vio desde su rosal, a Cuba cambiar la trágica miseria, Soviética por el Alma Rosa Ejemplar de la niña, Pilar.

Oye, Castro de lo que has vivido durante años masacrando al pueblo cubano.

¡Tu historia te absolvió! ¿De qué? Jamás.

Cualquiera ve en ella que llevastes a la masacre; «La Juventud Del Centenario». Juventud hermana de los soldados. ¡Lo dijistes tú!

Porque dices y después fusilas tu eco en otros.

Narras en tu errónea crónica del infierno que desencadenaste en el, Moncada (Para librarte de los que eran mejores que tú de ambas partes). En tu historia no te absolverá; Qué podías haber detenido en sus residencias a los altos jefes del cuartel. ¿Por qué no lo hicistes? El holocausto te era necesario, necesitabas ofrendas para tu malsanidad, nombres puros para la posteridad, esa es tu garantía.

¡Sólo ante nuestros muertos nos pondremos de rodillas!

De rodillas, pero jamás para adorarte a ti gran sacrificador, taumaturgo alucinador, señor impostor ebrio de historia.

El pueblo te teme, teme tu voracidad pero no te respeta.

El pueblo te teme, teme tu capacidad devastadora, pero no te ama.

Pero más que temerte, te desprecia por vendido, mentiroso y sádico y te envuelve en una cadena de asco y náuseas.

TÚ SOFISTA: TÚ HIERÓDULO.

Tú serás recuerdo para el Orbe todo de que, Cuba no se sometió ni se someterá, a nada exótico o vernáculo, que constriña la Libertad, por muy engalanado que se le ofresca.

Que lo tengan en cuenta otros grandes sacrificadores.

Vándalo, en toda Cuba se ve que tu historia te condenó.

Envía el frente frío por delante la lluvia torrencial, preparando las condiciones para vencer a los humanos que lo van enfrentar.

Devasta los caminos, anega las cosechas, resblandece los edificios y en un murmullo de infinitos besos, insta a los ríos a que desborden.

Después se presenta gélido, tremebundo, implacable y al mismo fuego, antaño obsequio de, Prometeo, inseparable amigo del hombre, convencer desea, de que el género humano debe desaparecer.

Así, el Malhadado cubano propugna el Nacionalismo y cuando a los ingenuos ha vencido estos domeñan a los que aún dudan y el pelotón deflagrador no admite de los rebeldes declamación.

Se apresura el Impostor a destruir las bases de la Economía.

De un rugido en la, Plaza Cívica ruedan por tierra las Instituciones todas que a la sociedad protegían y en un alarido imprevisto anonada a la misma sorpresa, diciendo que la producción es poca, que el Imperio Norteamericano acosa y que el pueblo pide protección, por lo que nos obliga, a linear en la larga esquela de la muerte comunista.

El Apóstol, pensativo, estoico el impacto de la afrenta en la inmaculada testa recibe.

Ese día infausto marca la fecha de la nueva desgracia cubana.

El terrible frente frío, conmovido, al cubano traicionado envía lágrimas que den calor fraterna ayuda para vencer el dolor.


El cielo sobre la Isla, tiene trazos rojos, es la sangre de los muertos pintando de ellos el decoro.

Están los hombres como dormidos, en un letargo opresivo al que sólo llega la euforia, en la hora de remachar las cadenas del vecino, compatriota o extranjero.

Es una Derviche donde se pierde la dignidad humana, la virilidad

se humilla, tan sólo vibra en el cerebro, la bestia Talamica, instintiva que grita, jadea, vocifera, se esfuerza y en un alarido que vomita hacia dentro, que le ahoga, le abate y aplasta la última chispa de sentimiento filial, aún ante la muerte misma a nadie más que al amo que en zombie fanático lo ha trastrocado, llama Fidel, Fidel, vivimos y morimos por tí.

Pobres cerebros que no tienen mejor causa que idolatrar a quien, los infama, los veja y cual traidor, abandonados frente al enemigo que les creo los deja.

¡Oh! Quiebrate cielo, abrete tierra, erupta volcán, tiembla Universo ante tanta infamante maldad que a los hijos de, Cuba ya la falsa oratoria del Malhadado sofista, los burla, los convence y de la derrota hace con los muertos un haz y al rostro del pueblo lo lanza sin respeto, sin pudor.

Y así explotando el dolor, más hijos a la Patria arrebata.

¡Ah propaganda! Hez Castrocomunista


Señor de olivos podridos, paloms blancas lastradas.

Héroe esclavo de laureles Soviéticos en sangre cubana inmersos.

¿Dónde las generaciones en el Ideario Martiano formadas?

¿Dónde sólo de hinojos ante nuestros muertos?

Palo Mayombe: Voodoo: Aquelarre: Magia: Goecia Goecia.

¿Qué porqué esto?. Pues por que dicen eres brujo.

¡Brujo no! Paranoico, que hace 24, años, tienes en función el paredón de fusilamientos: En exilio un millón y en el hondo mar un aluvión. No dudo yo, si van a creerlo, dentro de poco Dios te creeran, los estúpidos que hoy como a ser sobrenatural te rinden pleitesía e idolatran en rastrera villanía la imagen tuya.

Tú no eres más que un eco del viejo dogma esclavista.

Malhadado Impostor, de barba con menos pelos que fusilados, pautando con el dedo índice compromisos a la gleba que enajenada adora la sonrisa ludíbrica ya arcaica en la Plaza donde al, Apóstol el respeto falta.

Sabes bien que ada más les dejas del cerebro, el Talamo en el Diencefalo.

No la brujería la Psicastenia es quien anubló y anubla la Corteza Cerebral, Los Lóbulos Frontales sólo queda el Paleolítico Inferior.

Oye el clamor reflejo de tu esplendor, regocijo del partido coordinador de jubileos para orates ante su señor.

¡Paredón! ¡Paredón! Para nuestros padres, para nuestras madres.

¡No! ¡No! Comer no queremos, daselo todo a los Soviéticos.

¡Bien! ¡Bien! Danos más leyes, que Libertad e Independencia nos son molestas.

¡Cárcel! ¡Cárcel! De por vida a todos los que no estén de acuerdo con tu pensar.

¡Abajo! ¡Abajo! Toda equidad, que en nuestras vidas sólo tus decretos rijan.

¡Fidel! ¡Fidel! Escupe sobre nuestros rostros; Pisotea nuestro ser que por todo ello te queremos bien.

Y es un báratro la Isla Sufrida, un millón de hijos libres pero en el exilio, el resto en La Plaza Cívica a púpilo, sufriendo el escarnio; Los Martianos en las prisiones años tras años, celdas, galeras, tapiadas, cumplen largas condenas por tus absurdos tribunales impuestas al cumplir les niegan la salida del cautiverio, continua el ciclo interminable de la noria para el Anticomunista, celdas, galeras, sólo se detiene con la muerte.

Ese es tu triunfo, tu fama, esa es tu sonrisa cubano infiel.

Castro, tu gobierno ha sido tan despiadado para con los cubanos, los ha explotado hasta agotarlos y los mantiene de tal forma humillados que por ello sabemos que tu cerebro está atrofiado.

Pobre Castro, se encuentra enfermo; Pero como sano y perverso por la Historia será juzgado.

¡Sí! Ya se que quienes están a tu lado te dicen que no, que tú nunca te has equivocado, pero es el temor lo que no les permite explicitarte cuando desastre y dolor por tu enfermedad has causado.

Recuerda, Nerón, Cómodo, Emperadores, pero pobres enfermos como tú.

Te dicen ¡Que grande eres! Y tú sigues, sigues horadando en la carne del flaco pueblo cubano; Herida inmensa; Derramando la sangre, extrayéndole el sudor hasta la última gota de sacrificio a quienes por equívoco de haber nacido tú en, Cuba son tus hermanos.

Por favor; Señor Omnipolítico; Omniestadista; Primer Ministro; Presidente; Secretario del Partido; Super Economista; Imponderable Representante del Internacionalismo; Protector de los Desvalidos; Amigo Servidor de los Soviéticos; Inimitable Presidente del Soviet; Verde Olivo que no da frutos permitenos hurgar en vuestras frustraciones.

¿Acaso podras recordar; La tormenta de sangre en el piélago sin fondo de tu cerebro infernal te dejara rememorar?

Permitanle entrar a su masa avernar y pasar a la niñez; Hermanos muertos. Tened pena; Tened lástima del cubano infiel.

Los valerosos fusilados a un lado, junto con los golpeados y ahogados de ojos y vientres dilatados, al otro los desesperados suicidas los hambrientos y los enfermos.

Los niños, las mujeres, que lo rodean entonando el, Himno Nacional a coro, para que del aura letal que de él dimana la fatalidad neutralicen.

Pero no se burlen de él; No lo intimiden los jóvenes Martianos, del «VIVA CRISTO REY» con el pecho desgarrado por las balas del pelotón Catatonico.

No le miren así a los ojos, los niños que por él se quedaron solos;

No haya ira en las mujeres a las que les robó el esposo.

Por favor, dejen entrar a su cerebro abismal, masa roja al verdugo de todos.

Para él no hay castigo, no hay perdón, el estará por siempre para la eterna maldad en los cerebros de los malos Americanos, detractores del pensamiento Bolivariano.

¡Que se arrastra ante los Soviéticos! ¡Sí! El vive arrastrado aunque para los serviles parece estar de pie.

Es algo arcaico y nuevo, el Minotauro que aunque no tiene conciencia lo llevamos a recordar.

Su mano impoluta, de gesto imperante que por si misma no mata, alisa la barba. ¿Le perturban los pelos?.

¿Los fusilados bajo la emotividad Catatonica?

¿Ya recuerdas?. ¿Fue cuando por tus lágrimas y alaridos se plegaron tus padres? ¿Tus maestros? A tu desequilibrado temperamento.

Con todos los respetos; ¿Gustaban del alcohol algunos de tus abuelos? Las muñecas; ¿Te acuerdas?. Te miraban recto sin mover sus ojos de vidrio.

¿Cuando en el plato del niño vecino, observastes algo delicioso?. Bueno para tu voraz apetito. ¡No!.

¿Lo de la muchachita que creias era novia tuya y besó al niño negro?. ¡Anja! Te impresionó el semental, caballo brutal que poseyó a la yegua en celo.

¿Cúal virús entró a tu sangre?.

¿Cúal metal se te hizo corazón? Hoy, ya hombre, obras como un pez selacio, tal un tiburón blanco que en el mar se muere de sed.

En aquel instante fatal para Cuba, apenas rebasabas los cinco años de edad, pero fué el momento que el destino marcó la fecha de nuestra tragedia y te maldijo para siempre. Pero todavía tienes tiempo, aunque la Historia te exécre y te juzgue como sano y malvado que algunos sientan lástima de tí.

Has lo posible por recordar. ¿Eran ostiones que tú deseabas?.

Mamá por pequeño te decía; Espera a que crezcas, Hoy en la Isla es para tí toda la pesca.

¿O aquella vez que te extraviastes en la noche obscura y del camposanto la fosforecencia de los huesos muertos trastorno tu cerebro alucinado?. Eso no es divino ni espectral, fuego fatuo lo llaman.

Divinamente arcano es la fosforecencia de los Mártires, por combatir tu dogma servil; Arco Iris, que da luz para iluminar el mundo que te es hostil.

¿Crees fué la ocasión que torturastes a la pobre alondra? Ave fascinadora.

Al fin das con lo que te afecto; Leyeron en tu presencia y presentistes con furia envidiosa que tú jamás podrias escribir algo semejante a, «Los Zapaticos de Rosas».


¿Evohe! El carnaval todo lo arrastra, bajo su influjo se refocila el paria y los que dudan allí más se manchan en común piara.

¿Palma Real es! Levantate cubano que la tumba del sofista cavada la tenemos.

¿Evohe! Los Sátiros y las Bacantes su fe cantando danzando desean mantener; El licor se arrebatan, con las manos de bazofia se hartan.

¿Palma real es! Los anonadamos con la virtud del estoicismo y la busca del saber; En el rincón de la soledad junto al árbol del sol con un libro; Por el Apostolado Martiano nos Liberamos.

¿Evohe! El estruendo de los cantantes, jolgorio de los danzantes, unísono al ladrido del cancerbero, corifero en el pelotón engulle el himplar estremecedor.

¡Palma Real es! El Himno pentasilabo «VIVA CRISTO REY». Del que cae levantandose en la Historia, Patria. Por sobre todo se oye, se ve esplendente el pecho noble en llamas por donde la sangre rebelde a borbotones justicia clama.

¡Evohe! El barco que al falso dios del carnaval; Malhadado Impostor trajo allende el mar, momificado está; Los siervos ante su cúpula, bailan la Derviche estúpida.

¡Palma Real es! Su ideal si lo tuvó, muerto está podrido, por él mismo traicionado es y la atmósfera Panamericana no lo soporta ya más.

¡Evohe! Se van por mar, Sátiros y Bacantes a la tierra de donde tiempo ha vinieron, para el carnaval continuar; Llevandose de Cuba el yate fatal.

¡Palma Real es! Hoy nos llega un nuevo amanecer, nunca más a nuestra Patria, los impostores de Carrus Navalis o Canestolendas han de volver.

¡Palma Real es! Nuestra Bandera, alegre, redimida, furiosa azotando la brisa; Silba sóla, libre; Libre sóla, silba; «POR SOBRE MI, NADA ES NI BARCO MOMIA, NI HOMBRE QUE SE HACE DIOS: JAMÁS ANTE MI DE ESTAS COSAS SE TENGA MEMORIA».

Sóla libre; Libre sóla, silba.

A su pedestal, siemprevivas que ella todo es.


En Cuba, tenia yo como una hija que a sacar paseaba; Pequeña por la edad más robusta por el contenido de espíritu Martiano.

Era tal un árbol por Martí plantado, por verla crecer yo vivia y fué para mi cada nuevo brote un incentivo. Revolución Naciente, cual las Palmas Reales las niveas nubes debia llegar a besar.

Ella representaba la eclosión del Apostolado Martiano, en la huesa conmovido por el sufrimiento del pueblo por él en otro tiempo de la ignominia liberado.

Esa niña, ideal de la más perfecta Filosofía Política día a día en mi cerebro se acunaba, así el aleve Castrocounismo, mi esencia vital no tocaba.

Con palabras de Mirra y sándalo cual miel revitalizadora a los amigos a beber de la Fontana Martiana la ambrosia más excelsa les daba.

Mas ésta verdad no aceptaban aún viendo, conociendo que, Revolución Naciente como una Oréade, similar a Palas Atenea de la Pandemia Castrocomunista me protegia.

Fuente Umbrosa; Oasis Libertario en el koljos del Caribe Americano; Epinicio en los mandobles del machete inmortal del, Titán;

Cornucopia del futuro cubano.

Llegaba tarde, el hieródulo los tiene hechizados.

El pretidigitador a nuestro Apóstol, la juventud le ha escamoteado con hieles de profetas protervos de una doctrina Paleolítica Petrificada, de la fría estepa Siberiana, exhumada.

En serviles zombies los transmuta. Sin Religión ni fe, sin Civismo ni Moral Martiana convertidos en fascinerosos roban lo que por cubanos les pertenece.

Desposeidos de los derechos ciudadanos ni los humanos les deja.

Azuzandolos en la necesidad a matarse entre ellos, creando del instinto de la gula el fin social: Por lo que con cualquier «Decreto» el Sarcedote Paranoico; Ilotas modernos los hace.

(Epitafio en una tumba, en una encrucijada.

Aquí yace un pobre viajero que murió defendiendo su derecho de paso razón tenia derecho le sobraba, mas no supo exponerlo).

Mientras a sus madres el dolor y la miseria a las tumbas llevan, las esposas y hermanas llenas de vergüenzas en las cárceles los visitan acosadas por carceleros libidinosos.

En las ergástulas para políticos, otros, diferentes, los indoblegables los pilares de la futura Independencia, los que antes que yo conocieron de Revolución Naciente, enfrentanse a los demonios verde olivo quedando por el honor y la dignidad humana de sus ideales con órganos para siempre atrofiados, cuando no sin vida, arrancada en el funesto paredón de fusilamientos.

Yo cansado, egoista al extranjero partí, el embate de los pseudos hombres enemigos de la liberación de Cuba y la xenofobia arraigaron más mi responsabilidad.

Una Mora de Trípoli tenia Una perla rosada, una gran perla, Y la echó con desdén al mar un día:

—«¡Siempre la misma! ¡Ya me cansa verla!»

Pocos años después, junto a la roca De Trípoli... ¡la gente llora al verla!

Así le dice al mar la mora loca:

—«¡Oh, mar! ¡Oh mar! ¡Devuélveme mi perla!»

Pero yo jamás lloraré por lo que es mío y resistiendo a la Moira reconquistaré mi derecho a luchar por La Perla De Las Antillas.


Venid derechos «Del Mundo que se dice libre».

Venid a comprobar la aplicación del nefasto Castrocomunismo a la sociedad humana.

Ved la opulencia que ante ustedes representa, no es más que la muerte lenta que aterrorizado el cubano soporta.

Anden por los rostros y vean tras la falsa sonrisa la tristeza infinita del alma sin fe por las burlas mil veces corroida.

Lancen sobre el silencio, lago dormido la piedra de la indagación, rompan con palancas de confianza el mutismo; Mordazas del comunismo y repercútira en vuestras conciencias: YA DE INJUSTICIAS, ÁFRICA, ASIA Y AMÉRICA LLENA, a través de los tiempos para siempre el lamento dolorido de quienes por años sin derechos humanos han subsistido esperando de ustedes el designio.

Ves tú necesitado del Tercer Mundo, cuan indolente es el poderoso ante la miseria.

Está en la memoria tuya que es la de los pueblos todos la explotación y barbarie de los gobiernos vernáculos u extranjeros.

Sabes de la falsedad de la Democracia, cuando en ella el Capitalista fundamenta vuestra desgracia.

Has experimentado como el nepotismo en las oligarquias te arrebata todas las prebendas arrastra las Constituciones, burla la memoria de los Proceres y las Instituciones atentan contra sus mismos fundamentales principios.

Lo expuesto es surco fértil para la germinación Totatlitaria.

Pues todo ello es agua mansa comparado al desbordamiento comunista que hasta a ellos sus seguidores al final arrasa.

Debes buscar una nueva Filosofía, que a la Democracia Capitalista obligue a mayor perfección y al comunismo antifisiológico domestique, entonces creadas las condiciones imparciales para un punto de partida en igualdad para todos será de los más sacrificados y mejores la etapa.

Pero recuerda, siempre alerta frente las guaridas de las doctrinas arcaicas, esas que confunden los deberes y derechos prometiendo para el porvenir lo que con falsedades arrebataron antes de ayer dando dogmas serviles a cambio de realidades.

Aquellos devotos que conmovidos se estremecen ante la imagen del, Cristo Crucificado no esperen que los siglos se sucedan.

¡Ahora! Frente al Calvario de los presos políticos cubanos redimir pueden algo el crimen otrora cometido.

A hijos de hombre, condenados por la fe en el ideal Cristiano, deparando para la sociedad el paraíso Martiano, impíos de bayonetas horrendas le laceran el costado y el cerebro enfebrecido de los Patriotas la cruz anhelan del sublimado, donde la triste sonrisa del mártir. Sol que ilumina la noche en que la sangre misera, pauperrima por el hambre; Rico venero, gen de verdades se derrame ahogandole.

El preso político cubano es fibra Martiana.

Alma más que humana que lleva los tesoros dentro.

Hombres que al dolor le cantan y aunque olvidados por todos, ellos la amistad enzalzan.

Cual retumbo del trueno que pone pánico en los espíritus más valientes.

Así es el clamor de los fusilados. Almas que no descansaran hasta la redención del pueblo cubano.

Toda una sola faz tienen nuestros muertos la de la sublime pureza de quienes supieron mirar recto y enarbolando pabellón de probidad abrazados a el murieron, sin aceptar la vergüenza diariamente eterna del servilismo al Castrocomunismo.

Un hombre no es superior, por la raza o la talla ni la riqueza; Lo es por su capacidad creadora, por la potencialidad de vencer de vivir para el bien de la sociedad, de transformar, de no dejarse arrastrar en el lodo de las debilidades y el vicio.

El hombre superior se crece, se levanta con fuerza tremenda, cual lava volcánica contra lo que desea humillarle, rebajarlo hacerlo servil.

El hombre cabal enfrenta no se adapta a lo arbitrario por muy fuerte que esté representado. Él es torrente fragoroso frente a los malvados, no agua mansa.

El más digno es el que se rebela ante el inhumano totalitarismo comunista, como lo han hecho los presos políticos cubanos.

¡Gloria a ellos!. Mezquinos que llegaron al exilio y disfrutan del bienestar de la Libertad gracias al sendero labrado y anegado con la sangre y sufrimientos de esos semidioses Martianos.

Isla de Pino: Isla de Luto.

Allí vivió martirizado el más genoroso cubano; Poeta, Apóstol y Mártir de la Independencia; El preso 113.

Sin embargo en ese lugar descansó sosegado después de haber a la Juventud del Centenario inmolado, suavemente acomodado, cuidado y admirado, abonando el intelecto malsano el ciudadano que a Cuba, en dolor y llanto sumido ha.

Ultrajados, violados en sus derechos humanos.

En las bayonetas clavados ojos y brazos, glúteos, muslos y vientres, con el hambre al cuerpo apaleado siempre atada, hasta el balazo ártero que rompio cual flor la frente y las mejillas pálidas miró por última vez el sol ardiente; Los presos políticos más dignos y rebeldes del Hemisferio vivieron, durmieron en torre de dinamita que aunque los cancerberos no detonaron como espada de, Damocles torturandolos el Castrocomunismo colocó.

¿Existias tú?. ¿Alentabas tú, cortesana?. Que derechos humanos sin pudor alguno te llamas.

Y si tu aliento fétido mentiroso, Hetaíra atrevida con el Mundo Democrático se metía.

¿Porqué la Isla de Pinos, Isla de Luto de donde se extraé el mármol para regalo del partido infernal, no visitabas?.

Aún, Capulina estás a tiempo de hacer a Cuba, una visita.

En la Isla de Luto, hoy jóvenes y niños quieren con su risa hacer un tesoro donde cada recuerdo es mortaja naranja limón, cítricos que sazonó la sangre oro derramada por los valerosos cautivos en defensa del decoro.

De donde las historias que el tiempo les arrebató el brillo prístino y lustre le da el hastío de los mejores hijos del buen padre sol en las tinieblas olvidados.

Hombres que poseen en el espíritu el brío del hierro Damasquino.

De donde el amor caricia de mujer jamás comparece y la risa de los niños la triste incertidumbre del pensamiento herido, nunca vence.

De allí vendra, oiganlo bien mariposas inquietas; Cenzontles belicosos; Flores célebres por su belleza, una primavera imperecedera, nido de nuevas conciencias; Filosofía irreversible que a Cuba, pondrá en el sitial que por madre de ellos merece.


¡A que los muertos!. ¿A qué vienen desde el Mundo Sereno?.

Ustedes muertos de lágrimas azules, lloran por la Patria, mas;

¿Porque no permanecen en sus tumbas?.

Somos los burlados acreedores sin nosotros él no tiene historia.

Su fama es roja y brotó tibia de nuestros pechos, lo de las palomas sueltas, libres al viento fue humo, que el olivo si lo hubo jamás floreció.

Nosotros los que en verdad llevamos el abrumador peso de su marcha por la nefasta, luctuosa gloria, lo mismo si el cuerpo lo cubrió la amorosa tierra que la losa granítica o la frígida piedra mármorea, reclamamos que siempre que se mire en nuestra cándida faz su dura alma se pudra.

¿Y si el Apóstol los ve?. ¿Y si el Apóstol, les interroga, así?. ¿Porque tan larga columna con estrellas solitarias en la frente?.

Por favor no le digan a ese espíritu de fe que el cubano infiel a sus amos, Soviéticos entregó de Cuba, la Independencia, a cambio de las semillas de muerte.

Estás, físicamente solo, en la larga espera de tú ascensión a la más alta esfera. La Redención. (Morir por la Patria es vivir). Desde las galeras ningún sonido te llega pues tus hermanos de cautiverio, en el silencio, por tu alma rezan.

Y pensar que eras un niño, cuando en la revista aquella; ¿Cómo era su nombre?. La de los, 20,000 muertos.

¡Ah Bohemia!.

Veias a quienes ellos, esbirros llamaban y crecia dentro de ti el repudio hacia algo repugnante. ¿Pero contra quién o quienes?.

Tú no te lo explicabas, no lo dilucidabas mas ya tu destino fatal o glorioso se predestinaba.

A todos hasta el último momento, las fotografias los captaba; Era impresionante y tú no comprendias, los habia fueran o no malos, que muy valientes la propia ejecución dirigian.

A tí, pequeño la impresión te perseguia, te dejaba una desazón de terror que en tu tierno corazón imponia su imperio. (Lo cual ellos para esclavizar las nuevas generaciones ya esgrimían).

A mamá que hoy de, Mariana se llena, con tus preguntas importunabas.

¿Porqué mamá, salta la sangre?.

¿Porqué mamá, destroza el rostro?.

¿Y porqué; ¡Dí mamá! Las fotógrafias de algo tan atroz y doloroso al alcance de todos?.

En esos días te sentías más niño de lo que eras en realidad, trémulo te cobijabas en el regazo de mamá, consuelo de todos.

Y pasó un Águila Blanca, por el mar que es el Águila del Apóstol y transcurrió el tiempo que es el polvo anegado en sangre de, Antonio.

Creciste y creció tu tesón y el amor por los que sufren, el deseo de amparar al projimo hizo nido en tu joven corazón, echando al terror que, en la, Bohemia pregonaba de la impudicia el pendón.

Ahora, esperas en la capilla; ¡Valiente! Con Martí y Maceo en el pensamiento y mamá en el pecho tu turno en el paredón.

¡VIVA CRISTO REY! En la boca rota, fontana de sangre será el cántico de tu furor.


Vergüenza del Mundo actual, sacerdote hipócrita de la religión humanitaria.

Como te agrada el solaz después de soslayar el asunto de los presos políticos cubanos.

Crees tu prostituta que nosotros ignoramos que cuando has visitado a los presos más dignos y sacrificados.

¡Tú! Has sabido a cabalidad que ese día se le han servido alimentos especiales y aún bajo la amenaza de castigos te han formulado denuncias de las deplorables condiciones en que subsisten.

Valientes que hasta por tí luchan para librarte de la sordera y la ceguedad en que cobarde deseas vivir.

No lo hacías, no visitabas a Cuba, y ahora cuando lo haces, «Verguenza». No eres mas que un juguete del Castrocomunismo.

Todos ustedes que derechos humanos por nombre se dan y que contra el Castrocomunismo, no han alzado los delicados mórbidos brazos, a que esperad para lavarse, para revindicarse bañen al Mundo con la sangre por los cubanos derramada, denuncien el hambre, ironía, donde todo fruto prolifera, donde el mar es la más rica despensa, denuncien la tristeza la amarga espera de un pueblo en una tierra que la flora hace una primavera de todo el año haciendo un jardin en cada vereda.

¡Oh Hetaíra porque callas! Renuncias con ello a oir los cantos de victoria halagando tu organización.

Hazle saber a los revolucionarios del Mundo oprimido, necesitado que Castro, se ha dado al igual que los explotadores que ellos deben derrotar, a la tarea de cumplir el principio del Cristo que dice; «Dejad a los niños venir a mí, y no se lo impidais; Porque de los tales es el reino de los cielos». Y Castro les da el viático de hambre para que lleguen al reino que poseen.

¿Llegaran los hambrientos a ser querubines?.

Es bueno para tí Capulina, saber que «La verdad te hará libre».

Te resta poco tiempo para ser justa pues Castro, ha sido contado, pesado por los Patriotas, y será derrotado.

Y en la tierra que la simiente de Eva, no encuentra serpientes los cerebros avanzaran hacia el progreso liberrimo.

Muertos sin peitafios en granito vano...

Escoplos que labran en cerebro ciudadano el deber Martiano.

Muertos en largas noches de dosel fulgido; Turqui, estaño, alhelíes del cielo cubano.

Muertos de manos atadas; Almas liberadas, velamen de la conciencia Patria. Vosotros sois la aurora de la Cuba nueva.

El grito osado, imperioso la luna alarma acallando la fusileria macabra que en el foso cerca del Laurel recoge el polvo anegado de Antonio.

Muertos alegraos que el aquelarre en su derrota ya se marcha.


Mariposa que robas un beso al rosal y lo llevas donde los presos que tiempo ha las flores no ven.

La primavera te hará en el cerezo un palacio de pétalos, para tu capullo terso.

Titanes guerreros alumbrastes, útero egregio de Mambisa, que al carro de Palas aupastes para consagración de la Independencia.

¿Crees tú mujer cubana hermosa que del Sur te llega el grito de la Patria, que por la, Mariana virtuosa clama, que la disipación y las cosas vanas de la opulencia deben ocupar mayor lugar en tu corazón que las obligaciones para con la Independencia.

Si es así, entonces al echar de tu conciencia la responsabilildad Mambisa, no pidas para tí el respeto que se debe a la belleza cuando en ella tienen su plinto la honra y el honor del deber; Paladión de la feminidad.

Mujeres, muy pocas no son bellas. Ahora superior las hace su conducta para con la sociedad.

¡Oh tú! Conformadora del hogar; Se honrada.

¡Oh tú! Que con un mohin mueves montes; Se virtuosa.

¡Tú! Que en el vientre amasas la vida; Muere pura.

¡Oh mujer! Vive siendo delicada que la humanidad ante todo te necesita femenina.

Tus suaves manos mitigan el dolor.

Tu faz bella, difunde ambrosía que da vigor al exhausto.

El perfume de tu piel es Mirra que al Poeta inspira.

¡Tu cuerpo! Tu cuerpo es tantas cosas; Sublimes todas, verlo admirarlo y que ante el más hermoso sagrado legado de la Naturaleza, el silencio arrobado respete tal éxtasis. Sé mujer siempre recompensa para los hombres probos que con fuerza tremenda oponen la virilidad a la injusticia; No para los pusilánimes serviles que humillan la dignidad ofenden el decoro.

Por haber confundido tu feminidad a Cuba, el Castrocomunismo ha sumido en la infelicidad.


El candor más puro está en una niña, mas cuando ya es toda una mujer.

¿Dónde el candor?. ¿Dónde la pureza?. ¿Dónde la niña?.

Cuán sublime seria en una dama hermosa culta, delicada, un luminoso rescoldo de niñez que ponga como una pincelada rosa de inocencia a toda su azul cordura de persona mayor.

¿Qué del candor?. ¿Qué de la pureza?. ¿Qué de la niña?.

Ha brotado como enzalmo el culto a la mentira, una ladina hipocresía, una astucia inaudita, un rictus despectivo por todo lo que no se avenga a sus estultos antojos.

¿Mutación Física natural?.

¿Degeneración Psíquica parcial?

Indudablemente todo esto estaba en la niña más encubierto.

Así mismo está en el cerebro, Centro Superior Nervioso, Órgano Supraperfecto, Poderoso, todo lo que el Castrocomunismo sofista hace brotar con sus programas de inhibiciones fisiológicas.

Dialéctica Antifisiológica Machacante.

Servilismo, delación, envidia, traición, desprecio por los más arcanos sentimientos familiares y como una llamarada de ira en los ojos de los jerarcas del Partido hacia todo lo digno y aristocrático en las personas que no se dobleguen a sus principios esclavizadores.

Hay en esa imagen que desean crear los comunista de igualdad para la mujer en la sociedad una en verdad disminución de éste ser como ente social.

La mujer como tal ya viene protegida por la Naturaleza; Es la futura madre, la artífice de la personalidad aportando la formación del carácter al temperamento que es innato por lo que de ella ya trae implicito gran parte.

Ningún otro ser tiene encomienda de tan magna envergadura ni que más influya en las generaciones futuras.

En cuanto a lo que los comunistas llaman derechos de la mujer, no son mas que sofisma compromisos y complicaciones que implican el libertinaje en los deberes concernientes a su feminidad y la esclavitud al estado totalítario del régimen, que no la ve o considera de fisiologia diferente al hombre, no teniendo en cuenta la delicada estructura física impudicamente la somete a labores y presiones sociales indignas al bello sexo.

El verdadero fin es utilizarla como medio de desequilibrio en la familia y arma de zapa en la sociedad, creando así para beneficio del poder estatal un ser nuevo que ha desechado la personalidad femenil para no conformarse en un ente definido.

Hay ojos que ellos solos bastan a enloquecer agreguele las delicadas formas; Dos alondras presas, divino nexo de ámbar y fresas, gala del sexo, de senos que como los labios piden ardientes besos.

Mas en la frontera donde términa la tenue espalda, una como carroza que parece estallar que sostienen muslos de gloria sobre piernas de diosa; Diana cazadora.

Se contempla una mujer de esas, así y se nos destroza el alma al verla partir y queda un sabor a miel de azahares es el cerebro.

La vida sigue atropellando, se piensa en la fatalidad y que se es su viva imagen.

Llega el recuerdo de esa hembra y se estremece la Hipófisis, dan deseos de poetizar al mismo barro por la furia rabiosa de un hogar sin ella, mas se impone la razón crece el ecuánime valor sobre el torpe dolor, términa la aflición se abomba el duro esternón y en rasgo caballeroso quijotesco, sin rencor, te dices, adelante, un día no tras mucho aguardar vendra en que yo posea una dama semejante y que por añadidura y sobre todo comprenda el estoicismo del exiliado y aunque, Cuba no sea su Patria la ame tanto como a la suya y la respete tal a su madre.

Con esfuerzo paralelo al nuestro debe ayudar denodada a derrotar el Castrocomunismo.

Si a tu personalidad y espíritu le falta un grano de mostaza para ser así, sigue entonces otro destino, hermosa diosa tan solo de carne, pues para amar a un verdadero cubano primero es menester idolatrar su ideal.

En el caso que tal doctrina se encuentre muy lejos de tu alcance, se pondra en el tálamo de anacoreta muchas rosas y la bandera de la estrella solitaria que es la más hermosa y gloriosa alma femenina.

La mujer cubana de hoy ser innoble ambicioso, sima de egoismo e inmundicia cuando se hace servil al Castrocomunismo.

Romanticismo de mercaderes, esquife débil en mar proceloso, sexo inicuo, vagina vacua, temperamento de gallo en corazón de computadora cuando rastrera y ladina vende su pundonor a los patricidad.

Olvidado ha el verdadero privilegio a ella por la Naturaleza concedido ¡¡¡Feminidad!!!. La feminidad piedra de toque que valora la capacidad en la constitución del hogar.

Acicate para el hombre viril en realidad, rompiente de mar bravío arrecife del deber, monte de decoro fundamentos estos del hombre superior.

Una mujer nueva toda feminidad hará funcionar el enmohecido arco de Cúpido.

Noble, pura cima de dignidad será torno de la perfecta familia base fundamental de la nueva sociedad.

En su regazo se educaran hijos liberrimos sin pánico a lo místico, amantes del saber insumisos a los sacerdotes de todo dogma, dilettanti, curiosos de la Filosofía con perfecto dominio de la Economía Política, creadores de programas sociales que se adapten a las necesidades de los pueblos y no coyundas a las que las idiosincrasias deben someter el cuello.

Esa sociedad es hija de los vencedores del Castrocomunismo.

Ante todo para el logro de éste tipo, arquetipo la mujer cubana de hoy tendría que imponer la razón por sobre el instinto astuto doloso que en ellas se forma cuando desestimando su gran y real don, abdica al solio de la feminidad, el más glorioso de todos aunado a la belleza y la maternidad, dejando de ser para no ser al tratar de igualar al hombre en lo que no es afín a la fisiología de quienes poseen ovarios.

Mi interés por entender su perversidad para con Cuba, es tan grande que ni aún cuando contemplo las bellas damas Norteamericanas, que despiertan con su feminidad de delicadas orquídeas, susurros de tenues mariposas, mohines de pétalos a la brisa, azucenas que en el rostro se le eternizan; al más pensador, logro apartar en ese lapsus de la razón el analizar su odio para con el pueblo.

Ya se que es para él tan fuerte y sublime, como para mi llegar a poseer una doctrina que a Cuba para siempre de sus males libre.

Yo he hecho una catarsis y ello me ha permitido hacer el menor daño posible a la humanidad.

Pero en él, el traumátismo ha sublimado el instinto sexual en una Paranoia a la Patria, a la que idéntifica con fracasos estudiantiles o quizas deficiencias del cariño en el hogar durante la educación.

Pena grande que teniendo la oportunidad de haber sido un gran estadista haya cedido su volición a frustraciones pasadas mas en su psíquis multiplicadas, que paga un pueblo esclavizado.

Por el barro del Nilo, dí hermosa Faraóna de ascendencia Mittanna o Egipcia. ¿Fué tu poder hacer monoteista la religión o tu beldad famosa que hasta nosotros llega?.

Por saber de tí vive la nostalgia en mí; Al ver tu policromado busto el arrobo se enseñorea y amarte no es placer lascivo.

Se daifa espiritual de quien rebelde a la guerra por la Independencia de Cuba va.

Cuando estés a su lado no sólo entregues tu belleza da más da la fuerza mística que te hizo vencer, que nosotros los cubanos tenemos al deber tal lo tuvo Moisés, tu discípulo aventajado, real o legendario.


Amada madre mía, se que sientes profundo pesar por el padecimiento de quienes fueron tus compatriotas.

Yo que denodado vivo para rendirte pleitesía debo decirte que aunque tal vez para algunos es fantasía, los cubanos Martianos, en el exilio luchamos buscando el día luminoso en que podamos, besar la tierra que cubrió tu cuerpo, desde donde el alma buena se elevó al cielo para hacerlo más glorioso.

De pie sobre la Isla Distinta, se alza fiero el representante del nuevo dogma.

Los que de él disienten bajo la dulce tierra duermen o en diáspora incesante por el Mundo se vierten.

Vuelan las aves, clavando en el cielo Caribeño sus figuras triángulos de adornos y el pueblo de Cuba, sufre los alaridos del Milano tenebroso.

Traza la centella en el firmamento su saeta deslumbrante, retumbo horrendo estremece la atmósfera.

El rayo, rápido fulmina matando a la reina de los árboles de un zarpazo.

Habla, Fidel en la Plaza Cívica, habla y léntamente despacio, mata sin prisa, sádico al pueblo cubano,

Bailan en un carnaval, comiendo con las manos los necesitados de todo el año.

Es que el Castrocomunismo en sus festejos burla al ser humano.

Está de luto siempre el pueblo, más por temor ante el reflejo de la sonrisa Castrense, aparenta que se alegra y el pesar adentro queda causando en los cubanos la Esquizofrenia.

Habana, triste ciudad, otrora la más hermosa Capital del Caribe.

Hospitalaria sede que el cubano anfitrión al extranjero ofrecia.

Hoy tus mismos hijos no te conocen por derruida.

Entre los bosques muertos del apuntalamiento lo Colonial y lo Contemporáneo se derrumba.

Proliferan las ratas, el tifus mata, los muladares todo lo abarcan.

Infeliz desde que dentro de tí crepitando braman terribles los fusiles del pelotón.

Muriendo está tu Prado sin el espíritu garrullero que las aves al marcharse se llevaron.

Al Malecón, la brisa con temor viene porque el miliciano engendro Moscovita la detiene.

Se enferma quien al recordar cualquier lugar la nostalgia le hiere.

Como un aura fatal el Castrocomunismo sobre tí se cierne; Es tu fin, estremeciendose al contemplarte el que te ama, presiente.

Allí donde el escarnio enciende el furor y la ira colma el pecho de dolor, va el extranjero a contemplar el sol acariciando la arena y al mar tropical que de espuma esplendente se estrella contra las rocas.

Se deleita ante el agua cristal hecha cascada que deja la Sierra.

Pasea altivo por la umbria vereda del hotel al restaurante, pero cruza impasible los muladares focos de enfermedades que al nativo mata.

Mira y no ve al niño miserable que en los ojos lleva el vientre y el alma necesitada en la frente.

Es baldón, estigma que sobre las conciencias cargan los que a Cuba visitan y conociendo el mal inadvertidos desean pasar.

¿Que diferencia podra haber entre el cielo y el cieno cuando el primero a los ingratos muestre las estrellas?.

Cuba, al partir más allá de tu mar y cielo ya no habra consuelo;

Aunque los ojos permanecen secos las lágrimas van en su derramar por dentro, fogueando del espíritu los surcos del valor y el deber para no descansar hasta hacerte libre.

Lo juran ante las piedras de cada camino para exiliados; Bajo cada lampo del sol Martiano.

Por la tierra blasonada de Palmas Reales y flores de Cañas.

Los cubanos volveremos a ser únicamente hermanos Americanos.

No hay tierra paradisiaca ni lugar alguno fuera del útero materno comparable a la Patria, aún más pero mucho más cuando es Cuba.

Donde la Naturaleza es un dechado de belleza, una cornucopia.

Sobre el cortante arrecife, sol inclemente lluvias a torrentes.
Bayonetas lacerando pechos y rostros.
Verde olivos sonrientes con canes desgarrando vientres.
Camino del exilio parten cientos miles.
Cual a Orfeo, les retiene el averno lo más amado o lo más sagrado.
El mar inmisericorde en furia que no hace distinción engulle en ondas terríficas embarcaciones que fueron áncora de nueva vida.
En féretros líquidos bajo la mortaja del golfo silente terminan las ilusiones tejidas en infinita trama más años que Penélope, para los que la muerte con beso salobre les selló la vida.
Aquellos que al bastión de la Libertad logran arribar al transcurrir del tiempo la separación tal nuevas Bacantes los destroza.

Con la faz demudada por la ofensa de abandonar lo más adorado al exilio va el cubano digno en una mano el corazón abnegado para darlo, en la otra el puño apretado por el furor de quien en lo más preciado ha sido vejado.

Está el mar terso, de dicha y esperanza, mas aún con desconfianza sobre las blancas coronas de las olas las embarcaciones navegan.
Madres jóvenes, con niñas serias que parecen mujeres y hombres alegres como niños escapan ya del lóbrego Castrocomunismo que en sus vidas fué lúgubre pesadilla.
Mas el designio del destino es impío y en el mar los presagios traén de la mano la catástrofe.
El piélago poco antes tranquilo de improviso se desata, se rasga en infinitas simas en innumerables farallones líquidos se levanta

invadiendo a torrentes las frágiles y mas que cargadas naves a las que destruye regando la desdichada grey en el desolado golfo.

Ya se aplaca, ya pone fin a su furia pero los ha dejado indefensos en un medio desconocido, el albedrío del pánico los recibe, saludo en la única mañana del único día, de las escasas horas de estar emancipados.

Gritos, llamadas, llantos, temblor, frío, miedo, terror.

Nuevamente; ¿DÓNDE ESTABA USTED, CORTESANA QUE DERECHOS HUMANOS SIN PUDOR ALGUNO SE NOMBRA?.

¡¡¡A lo nuestro, con lo nuestro!!!!.

Sólo la muerte esperar les queda y cuando el cansancio apenas les permite asirse a lo que han podido encontrar, tras ellos, bajo ellos llegando de lo insondable por todas partes la fiera del mar, bestia brutal, asquerosa, siempre voraz los ataca y a unos y otros despedazan en vida; El cielo, alto, inconmensurablemente lejos se pintó de rojo imitando al mar.

Los que aún sobreviven anhelantes respiran agua con la sangre derramada por madres, padres, hijos, esposas, consortes en espera del mismo terrible fin de ser comidos vivos.

Cuando ya casi todos desgarrados por el diente salvaje en candente rojo fluido han desaparecido, un helicóptero de los hombres de la Libertad les llega.

Un náufrago coger logra la escala salvadora mas sus brazos desprendidos del cuerpo a ella asidos hubieran quedado si las olas y la actividad del equipo de rescate no los hicieran caer.

En tanto los restos de la nueva victima disputan los insaciables monstruos, una mujer, «Una Cubana» Bella, hermosa, una mujer, ahora tiene posibilidades de llegar a la salvación y aunque para siempre la razón perdia, la loca a una pequeñita que sin madre ha quedado no abandona y cogida con una mano en la otra mientras el helicóptero la iza, la huérfana lleva, cual estandarte humano de Rebeldia e Independencia; Triunfando del Castrocomunismo y su congénere prehistórica azotes para el cubano en el mar.

Cubano que te mueres ve directamente a las puertas del cielo; Que en la Tierra pagastes sobremanera los pecados del infierno.

¡Que yo vine a través del Mariel!.

Sabes acaso algo más de mí, joven universitario que disfrutas de la anuencia democrática en el bastión de la Libertad, agradandote oir de catedráticos dolosos la mentira que afrenta la humanidad.

Voy a contarte; Yo provengo de donde la amistad es perseguida como la peor maldad, la religión aborrecida y el odio la mejor divisa de quienes rigen.

El amor filial ya nada significa.

Las madres languidecen, sin alimentos ni medicina, la juventud envidia tu peor camisa y siete comen en tres dias lo que tú en uno.

De la niñez con responsabilidades pioneriles; (Entre ellas delatar a mamá y papá). Se pasa a la pubertad obligado a gritar consignas que en el cerebro la Psicastenia afirma.

Si en la juventud no te entregas como siervo eres exécrado anulado, llevado a la cárcel.

Podras en la solitaria celda soñar con los besos de la novia que no tuvistes tiempo a tener; En la profesión que desearias ejercer y en los Estados Unidos de Norteamerica, donde todo cambiaria.

En Seguridad del Estado, sentiras ante la lobréguez de pasillos, gritos odiosos, rencorosos, imperiosos silbidos e interrogatorios que corazón y estomago se te quieren escapara por los dientes fuera.

Intenté no una sí, muchas más establecer forma de subsistir pero no me lo permitian si con dignidad lo queria.

No podré recordar cuanto maldije la suerte ingrata del pueblo en la Patria mía.

Antes del éxodo yo en las costas infinitas veces expuse la miserable vida por conquistar la equidad que tú desprecias.

Hoy al conocerte doy gracias por haber sufrido aprendido el valor del estoicismo.

Mas veo que aunque universitario nada sabes para enfrentarte a los comunistas, quienes son grandes sofistas en Sociologia, Economía Politica y hacen de la Historia humana tal amalgama que los únicos defensores de los desvalidos, luchadores por la evolución social son ellos.

Te encuentras desnuda juventud ante semejante doctrina de hipocresía.

(Aún en el sentido en el concepto de «Has lo que te digo, no lo que hago»).

Si lo que deseas es la novedad crea una nueva Filosofía, pero no entregues jamás tu voluntad a quienes hablan de Crítica Constructiva Dialéctica, amor por sobre todo a la verdad y en el poder son dogmáticos hasta fusilar la realidad.

Que no le infunda temor la propaganda Castrocomunista a quien a la madrepora u al légamo peligroso en la flora silente no teme.

Buzo osado, temerario que arrebatas al mar bravio la ostra dura áspera, futuro nacar, tal ella es el cubano que de la Isla viene por los sufrimientos y los avatares resentido.

Mas dentro cual la ostra una hermosa perla tiene.

Somos bestias ciegas, estultas que en el Caribe con cubanos nos llenamos la panza.

Milicianos que en el mar velamos para que no escapen los que se niegan a vivir como esclavos.

Tal nuestros hermanos que en las playas y costas inmolan a quienes la Libertad adoran.

Nuestra malicia brutal, instintiva, Paleolítica es diferente a la exquisita y razonada de los comunistas.

Preferible es nuestro diente inmisericorde que las extremidades desprende a la tediosa cárcel que deseca de la vida la fuente.

Sabemos que para nosotros irracionales habrá perdón, pero para quienes incitan con sangre humana nuestro furor, por siempre la indiferencia de los justos les quemará la conciencia.


Si eres cubano Anticastrista, puede tu pecho enfrentar denodado cualquier acontecimiento adverso.

Esa emotividad que lo paraliza todo y pone a quien la sufre a disposición del enemigo; ¡El miedo! Los Anticomunistas la conocen bien pues la han usado de pedestal y cuando muren cumpliendo con el deber Martiano, sobre los restos florecen siemprevivas de donde las ánimas ascienden presurosas al pie de la Bandera, a rendirle pleitesía.

¿Que pensastes, que la Isla tendrias por patio de la casa tuya?.

¿Que nuestro mar ·seria tu piscina?.

¡Ah Milano! Impostor Malhadado, hombre mal intencionado. ¡Jamás!.

Mejor podrias haberle arrancado partes al sol; Menos vidas costaria. Ves el camino jalonado de muertos es la ofrenda del cubano por liberarla, que antes de cedertela se hará alegría.

Cuentan que en una ocasión hace ya mucho tiempo cuando a las cosas comenzaron a contarles los años, las estrellas se sintieron celosas por el esplendor de una Isla grandiosa que en el mar del Caribe reposa y rogaron a quien puede en todas las obras a ellas también hiciera tan hermosas o la beldad de ellas tuviera alguna forma.

Quien manda a las abejas laboriosas y a los azahares perfumados, agradecido por la luz y el adorno que dan ellas al cielo y para que la tristeza no las fugaces, prometió que cuando la que se engalana de Palmas Reales y corona de flores tejen sus valles habitada fuera, como estrellas serian los ojos de las hijas honestas de la verde sirena.

Cuentan también pero con mayor fundamento, que ésta Isla era algo vanidosa permitiendo gracias a su opulencia que malos hijos prevaricadores hicieran además grandes despilfarros; Quienes le legaron como un azote, epidemia que duraria, 25 años, con visos de Pandemia.

Los que esto último refieren, no son brujos amigos de hechicerias ni conocen como los anteriores, mitos y leyendas; Sino patriotas son que desean contra la Pandemia Soviética hacer la guerra.

¿Dónde vas amor de los Cristianos?.

¿En busca de nueva herida al costado?.

¡Detente, Sublimidad!. Estos superan en horror y maldad a los del pasado que por tu verbo al Calvario te llevaron.

No haran juicio para que el pueblo ignore tu sacrificio.

No arrastraras cruz que símbolice, tu fe divina.

No te clavaran al madero, para que no exclames; ¡Padre! ¿Porqué me abandonas?.

En el mutismo eterno del comunismo te mataran en silencio y ni los Arcángeles conoceran de tu sepulcro el sagrado sitio.

Sólo tu Padre, sabrá que estuvistes en el infierno absoluto donde tu Evangelio hace, 24 años, está en desuso.

Los Demócratas no lo astibaron o como baldón tenebroso del que la luz Panamericana siempre temiera lo aceptaran, para mal del cubano.

Por ello vencedor saltó del tanque el Malhadado Impostor.

Las Palmas Reales, pitónisas que de Cuba todo lo saben, inclinarón el penacho esmeralda vegetal.

La Isla, a lo largo y ancho destrozó el Térsiste Soviético.

El roble fuerte, el cedro suave, el ébano ferreo, la acana bella, la caña cimbreante y en naranjo de azahares perfumado a los amos regaló el hieródulo.

La Palma Real llora el reino devastado.

Sentado en el portal de bién ornada confortable casa Norteamericana, copado por plantas y flores en atmósfera de Libertad, el exiliado está.

Siempre la pesadilla, siempre el pensamiento eternamente errante se escapa, ya anda por polvaredas insalubres, cieno asfaltado de calles con multitudes en trajines infinitos por el Partido impelidos, que el sello del terror en la frente estampa.

Rosotros demudados que temen la faz del niño infeliz perennemente hambriento mirar.

Perros displicentes, paredes que lloran cual si fueran gentes,

El color de la anemia por los ojos todos se extiende y hasta la misma sonrisa es queja adolorida.

El pensar activa golondrina se ha ido a Cuba a revolotear.

Señor hieródulo de mentiras y escarnios, felices los que te han enfrentado en prisiones y calles.

El pecho se expande el orgullo crece, la conciencia se regocija.

Firmes en el exilio el honor les da el calor de la Patria ausente.

Estaba el Ómnimodo, Omnisciente, Omnipotente, Señor de los Cristianos en su trono azul turquí.

Y unos cubanos Martianos, por el amor fervoroso a la Patria en nuevo Calvario crucificados elevando los doloridos rostros, al divino portento en una plegaria, preguntaronle;

¿Porqué permites que el Castrocomunismo a Cuba, devaste así?.

Y el Señor de los Cristianos, desde su trono azul turquí, les contestó.

Yo les dí la, Isla bella, perla del mar más hermoso; El clima perfecto; La Palma Real providente en tierra fértil para que el pan no se les hiciera trabajo quejumbroso y les dí más; A Martí, joya humana prodigiosa por la Naturaleza labrada en mármol de veracidad.

Por tanto, no es a mi verbo a quien incumbe dirimir tal querella;

Sí, a vosotros que entendiendo el Logos Martiano, no lo extienden entre sus hermanos.

Ante la doctrina Martiana, se postra el vanidoso, se rinde el rebelde.

Martí, es la plegaria y oración del hombre que vive para la Patria.

«SEA CUBANO, SEA ARAGONES.

Por tanto el Anticomunista debe ser.

¡Que digo!. Tiene que ser un hombre superior; El hombre del futuro.

El Anticomunista cubano, tiene que ser creador, renovador, no se puede tener sentimientos adversos a la doctrina Castrocomunista y obrar, manifestarse como retrógrado, por que entonces no se es Martiano, no se vence.

Si hay almas que penan, si hay espíritus que no descansan. No se. Pero seguro estoy de que existen estros que después de haber hecho eclosión, aunque el numén que los produjo se ausente, en el aura de los tiempos por siemrpe vibran.

En Cuba, como protección a la Independencia el pensamiento de Martí, está.

Estúpido destino impío el mío, si no me das la acerada espada, ni el cortante sable con que armar pueda yo mi obligada fe libertaria, a que esperar entonces para llevarme al fin de todas las cosas buenas.

Martirio diario del compromiso que parece olvidado, mas manifiesto es a todos que los combatientes y amigos que allá quedaron sufriendo aún más hoy están.

Pues decide destino estúpido, impío, espada sable o la muerte da que apague con su sueño eterno la sed de justicia que cumplir no ha podido lo jurado a la costa, al mar, al cielo en las noches vacías, en que andaba sólo sin rumbo en los caminos de la que fué Palma de Perlas Antillanas.

Yo se de una maldad tremenda, la de la amistad que no es sincera y se cuan profundo hieren esas mujeres hermosas que devastan el espíritu con su raro amor.

Se de la ansiedad por crear una Filosofía que salve a la Patria mía. Pero se más, mucho más la razón de infinito dolor; Vivir en exilio.

Entra a la capilla Cristiano, y dile a tu Dios, que a los cubanos queriendole poner de rodillas esclavos los mantiene el Malhadado Impostor.

¡Ah Democracia! Camarera servil, pones en vajilla Americana, los pueblos por el Nepotismo y las Oligarquías triturados, al canibalismo, Soviético.

Dogmatismo comunista «El Partido es inmortal».

Pero Naturaleza, Libertad, Fisiología, y Verdad amante de la realidad, están primero, pero mucho antes que el inmortal negador de los derechos humanos.

El partido si es mortal, lo que no muere nunca es la forma en que los diversos explotadores crean dogmas, religiosos, de partidos políticos. Siempre el mismo fin sojuzgar a los pueblos.

En los días, en los años, pasan, pasan los muertos y las palabras buitres reprobos caen, caen cual hojas en otoño de la boca del dolo para que los siervos olviden que hace, 24 años, el pueblo es quien paga.

Mas hay pudor hay justicia y se removera a Castro, del solio, como él ha removido a otros.

El decoro besará ese día al cielo todo y en la Historia Humana una mácula más en la faz Democrática del Mundo que se dice Libre, recordará que los gobiernos Norteamericanos, después de mantener en el poder los explotadores criollos que desde la Instauración de la República desangraron a través del érario al cubano ayudarón por ineptos, negligentes o por una subrépticia política internacional que se disputa la hegémonia de la moderna esclavitud a instaurar y abandonar a posteriori a Cuba, al cadalso rojo.

Poniendo aparte si fué justo o no que Castro detectara el poder por la corrupción de los diferentes gobiernos anteriores, si era catecúmeno desde un principio de la funestísima Internacional Comunista o no; O si no lo recibieron los representantes del gobierno Norteamericano, como Castro, lo deseaba, lo cual debe ser descartado por insulso, me refiero a la última proposición.

Bien como fuere o haya sido, hoy, ahora no puede dejarse de conmover en sus más profundas fibras humanitarias quien conozca lo que sucede en Cuba.

Una amargura que jamás podran apartar teje su úrdimbre en las conciencias de los hombres que impasibles ven el sufrimiento cubano y de los cerebros que de el se aprovechan, ni que hablar hay.

Se fusiló infinita cantidad de personas por pertenecer a generaciones que llevaban implicitas como descendientes que eran de Mambises, ¡No delatar!.

Así se entronizó el terror y se intentó terminar con uno de los más dignos valores humanos en Cuba.

El Mundo, contempló impertérrito la desaparición de estos seres fieles a las convicciones Democráticas, fundamentos Panamericanos, por, Washington, Louverture, Bolivar, Hidalgo, San Martín, Hostos y Martí inculcados.

Aún hoy lo admite nada se hizo antes nada se hace ahora para evitar que los desintegre el violento fuego del pelotón.

En estos tiempos que se desea hacer frente a quienes rigen a los pueblos de esa forma siempre a Castro se le exonera siempre al Castrocomunismo las PARCIALIZADAS Organizaciones que se hacen llamar derechos humanos lo encuentran inocente será que sólo miran a la pulcra figura del líder exportador del terror y la esclavitud y no miran o miran y no desean ver la sucia forma de que se vale el Castrocomunismo para que el pobre pueblo de Cuba, ignore que está en su derecho si así lo desea de que algunas de las tantas organizaciones internacionales inspeccione la condena sádica lenta y extensa en que expira.

En Cuba, no hay desaparecidos, todos saben, donde se mata, donde se tortura, donde se desaparece y cuando aparece alguno de los representante de esos donde infinitos, la esquizofrenia que es el pueblo completo a excepción claro está de los Anticomunistas confesos le tienen que dedicar la más halagadora de las sonrisas y él la devuelve por que a un siervo que no ha hecho por librarse del dogal se le puede saludar, pero cuidado con dedicarle un saludo a la propia madre si no es una sometida.

¿Que derechos pueden existir donde se pena así?.

Cuando el Castrocomunismo exporta su esclavista sistema si se le hace frente de inmediato surgen los lamentos de quienes temen una conflagración mundial, pero estos temores nada más lo manifiestan en el Mundo que se dice Libre.

Mas si se hace necesario para contener los avances del comunismo y exterminarlo en los pueblos que ha mantenido bajo el yugo, sea la guerra.

Por no perder los valores humanos, antes de incivilizados, por no regresar al Paleolítico Inferior, sea la guerra tercera y cuarta, Señores Antinucleares.

Como alas al cangrejo o glúteos a la serpiente así de bueno y útil ha sido para los cubanos el Castrocomunismo desde que les clavó el diente.

Diente infernal, en fauces que todo lo arramblan y cuanto deglute al colonialismo Soviético sólo nutre.

Pena grande que los auto titulados progresistas de las dos Américas, no quieran obcecados por el odio al pasado Norteamericano (A los gobiernos) reconocerlo y expongan así a los pueblos con obligadas necesidades evólutivas a ese monstruoso engendro depradador que cuando incuba su malsanidad en la sociedad no hay estructura que lo soporte ni superestructura que librarlo pueda.

Constitución, Instituciones y la razón toda es un guiño de lejanas estrellas al puño del pesimo hierro Soviético que todo tritura.

Por incapacidad, negligencia abulia no esforzarse, no crear buscando nuevos rumbos, fecundos en realidad que con proyecciones democráticas genuinas eleven a los pueblos por las oligarquias y nepotismo subyugados, por sobre toda estulta antifisiológica doctrina retrógrada como el comunismo y sus variantes, baba venenosa que deseca la savia nutricia del cuerpo social antes de engullirlo definitivamente.

Desmembra todas las organizaciones sindicatos partidos políticos y la misma familia, base fundamental, gen primordial descalabra infiltrando el virús sútil del divide y venceras.

Hasta entre verdaderos amantes, esposos religiosos estos almas de cuervo introducen la palanca de la desconfianza.

Lo tremendamente inaudito de la doctrina Castrocomunista es su esencia internacionalista, ellos que para lograr la pretendida unidad nacional al partido, han tenido que confinar en las prisiones, por toda clase de absurdos a los reacios a la nefasta dirección de su gobierno.

Gobierno que mantiene al pueblo bajo la férula pesquisadora ultrajante del partido, que deviene en un pánico que convierte a los más débiles en semilocos.

Estas gentes envián fuera hacia cuantas fronteras de paises que le ven una fisura, toda una plaga de langostas humanas con el fusil al hombro y el libro doctrinario bajo el brazo, con conocimientos afines al medio donde van a desenvolver su proselitismo.

Ven en todo lo creado por la Naturaleza y en lo hecho por el hombre que no se avenga a su catequización la peor de las malas intenciones, se lo creen y lo hacen creer a los neófitos que oyen sus cantos de sirenas.

Quienes dan oido a estos cantos les parece que ya suenan las trompetas del juicio final para los malvados y que ya ellos los eternamente burlados no tienen que morir en santa comunión para alcanzar el paraíso Cristiano, pues estos internacionalistas son los heraldos de que en el porvenir lo poseeran aquí en la Tierra, claro está el paraíso comunista no el Cristiano. Este último lo guardan los internacionalistas y los burlados para si a la hora de entregar el martirizado aliento no ha llegado el prometido por los comunistas, acogerse a él.

Pobres ovejas, pronto Polifemo las va desmembrar cuando finalice de esquilar a los carneros malvados. Entonces van anhelar la realidad por dura y áspera que fuere en que vivián, a las maravillosas promesas comunistas; Siempre, Por venir.

La muerte parió en su cerebro y toda su dialéctica no es más que un Himno Funerario, que mata y mata de una forma u otra todo lo humano.

¡A que te mata!. ¿Dónde vas?. Donde quiera te mata, en las calles, en tu casa, casa por que hogar ya no existe, se mete por la ventana, entra por el techo, te busca te persigue, se acuesta en tu cama, siempre a tu lado vela tu sueño pesadilla cual miliciano eviterno, lo ves en el televisor lo oyes por la radio y te mata en el diario acontecer en tu mala vida, ahí está te quitó el fluido eléctrico, te mata todos los días a todas horas, te vigila no cesa jamás porque tu larga lenta muerte psíquica es su imperecedera vida sádica, está en tu cerebro se hace fuerte se refocila en el Diencfalo.

Te mata en el jabón en el papel sanitario, en la libreta de los comestibles, en el café que deseas beber cada mañana en la fila para el Ómnibus, en la mirada de tus compañeros de trabajo a unos les temes otros a tí, te mata en tu hijo que pionero regresa de la escuela. Te mata.

Ya saltó, asaltó las Antillas Grandes y Pequeñas, y las mata las está matando; Mata por los caminos Americanos no importa seas blanco u indio, te mata rico o pobre se sube a los Andes y baja matando, mata en Chile y Perú, en Bolivia vendió la gente suya.

En Argentina y Uruguay ni las Pampas desoladas escapan.

Te mata. Por Méjico como en su propia base de operaciones anda ¡Ah México de Juárez!. Recuerda, tenlo presente, sólo quien está contra él vive libre.

Te mata si no estás con él y cuando estás con él.

A Brasil, lo acecha, y en el Paraguay el mortero justiciero o pervesamente vengativo marcó la fecha, a Ecuador no lo respeta.

Por Colombia, se desliza hasta Venezuela, solapado llega sin equidad la deja y en sus Tribunales y Cortes sin pudonor burlando la Constitución y a toda Institución las Leyes dicta, matando ante Bolívar, sin respeto la Historia Panamericana fundamento de la Doctrina del Libertador.

Parte a Pánama para ahogarla con la objeción del Canal, es la muerte diaria en el Salvador.

Por ti viene Guatemala, a ti te tiene Nicaragua, las mata.

A que las mata Honduras y Costa Rica, refugio de los Maceos.

Por ti viene; Donde quiera te sorprende el disparo artero, en el parqueo la rafaga de fuego sobre el auto, o en el paseo la bomba destrozadora de inocentes que por todas partes vierte.

En el avión que viajan sus acólitos la invención de Alfredo Nobel, dice presente y en fucilazo tremendo no construye y la memoria del instaurador del Premio a la Paz, al terrorismo maldice.

Del piloto mártir aún héroe la voz escalofriante, de la conflagración la imagen de la tragedia nos lega al pedir para la nave sin vida pista y una vez más el mar del Caribe despojos cubanos recibe bajo la mortaja silente.

Pero la vesania va más allá de todo lo humano y lo que el mar besó abrazó y después devolvió, restos destrozados, unidos fueron por nuestra Bandera en la Plaza Cívica, frente al Apóstol.

El Castrocomunismo los utilizaria para levantarse una vez más, y no seria la postrera.

Bajo los acordes del Himno Nacional, pioneros y obreros las organizaciones todas y las fuerzas represivas rindieron guardias de honor.

Socapa para justificar todos los errores, para abroquelarse más y por sobre todo para mantener el cisma entre los cubanos del exilio y los que aún no han podido librarse del dogal.

Cuando el pueblo lacerado por el dolor hervia en dudas, el sofista habló por la boca del dolo, y las palabras buitres reprobos ese día más que ningún otro sometieron los Diencefalos al alberdrío del hieródulo de los Soviét.

¡Oh Sol! Llora o rie ante tan burda patraña, rie de la farsa pero no permanezcas impasible, pues eran seres que en vida creian en él.

¿Quién les dio la muerte física?. No se.

¿Quién les dio una segunda muerte?.

Aquel que sin pudor los utilizó para la propaganda, aquel que si no los mató los encontró bueno para toda solución. Aquel que ante aquellos despojos comprometió a todos y exigió mayores sacrificios.

Aquel que acusó a todo el que no le está sometido.

Y digámoslo bien claro y alto; LOS MATÓ POR SEGUNDA VEZ QUIÉN CULPÓ A TODO UN EXILIO DE HABERLO HECHO.

Los Anticomunistas tienen una gran labor en pro de la Libertad de Cuba, desarraigar del cerebro de los cubanos que viven esclavos, que fueron los amantes de la Independencia los gestores de tal barbaridad.

A África se va y los albores de la Independencia mata, En Arabia divide y mata, en Afganistan sus amos matan.

A Norteamerica la mira la está minando por que más que a ninguna otra desea matarla con las drogas o con los Congresistas de la ingenuidad.

A los que con vida deja el medio Ecológico les arrebata.

Viene de los Soviet y en Cuba se incuba, prolifera si hay nepotismo, donde las oligarquías se eternizan.

Te mata si la Democracia es adúltera. Si Norteamerica no vela por lo que da a los malos gobiernos en los paises subdesarrollados.

Pueblos del Mundo que se dice libre rogad y preparaos pues la sangre de los líderes de vuestras naciones se ha enfriado y quienes hacen a los hombres esclavos los están burlando. La muerte el terror, la esclavitud la negación del ser humano por todos los senderos cual serpie gigantesca se desliza.

Las civilizaciones devasta cual Vándalos.

Para desequilibrio del Homo Sapiens, el cerebro con su doctrina les anonada.

Como esclaviza una Isla el mar es su cementerio regio. Te mata.

Prostituta hermosa, remanso amante que a tu vera la responsabilidad del deber consagrado el agobiado olvida y mercar puede tu belleza, con monedas infamantes más deshonestas que tu propia existencia.

Sé tú sincera, que más te da hacerme el diario acontecer placentero.

Total de mi vida fugitiva, perseguida, áspera, félina, solo una me resta la del exiliado.

Seis quedaron en la esquela mortuoria que el Castrocomunismo al cubano condena.

Imagina si llegar se puede a estar vacio de sentimientos, amor, odio, casi desvario, sólo desprecio cuando se huye, se escapa en detrimento de la Patria, que hasta la sublime primavera produce hastío.

El estoicismo, espada perseverante es mientras enfrenta, pero ante la sociedad Democrática que sin menoscabar la dignidad ofrece oportunidad, es endeble insulso cádaver insepulto no necesario.

Sabes estoy aquí con los derechos ciudadanos más progresistas que jamás la Historia Político Social, haya producido, de un empuje evólutivo tal que las más grandes revoluciones sociales conocidas, hasta ahora son inepta inercia.

El bienestar es cornucopia, divisa de los ESTADOS UNIDOS DE AMÉRICA, Águila opulenta que a los amigos del Sur ya tanto no explota, y a los Soviéticos, sus enemigos sustenta.

Eleutería, cobre, hierro y antocha puerto acogedor para quien en el nativo origén el totalitarismo lo acosa.

Mientras los buenos que después de Martí, en Cuba, han existido los tiene el Malhadado Impostor, allí, en ergástulas sin luz en el infortunado país donde nací.

Derechos Humanos, dolosas flores que perfuman la brisa, ojos que la bruma y el rosicler para la misma fiesta invita; Moderna Filosofía para biblioteca Soviética; Mirra que el vaho comunista no disipa hasta cuando esas condenas infinitas en sepulcros Castristas.

A que entonces seguir haciendo el honesto, ven Hetaíra sincera y dame un beso a cambio de dinero que más mancha que acostarme en tu seno, es orar al cielo y olvidarse de Cuba, mientras se vive en la opulencia amparado por la Constitución que a la Independencia fundamenta con más perfeción.

Viven como dormidos los ciudadanos del Mundo que se dice libre, que tienen la responsabilidad Geo Historica de detener los desmanes del Malhadado Impostor; ¿Qué sucede con ellos?. ¿Hasta dónde el temor los arredra?. No desean entender que la causa del pueblo cubano es la de todos.

Viene uno a la Libertad como de una pesadilla, despiertas y clamas por los que aún en ella viven y el garrote mantiene oprimidos.

¿Que sienten los pueblos, es que les complace el dolor del cubano y así tienen un disfrute más pleno de sus regímenes sociales?.

¿Y que piensan los Intelectos Excelsos, es que no ven, es que no oyen, o es que por oponer algo al pasado retrógrado de sus naciones, los que son progresistas se conforman con los supuestos avances sociales de la pseudo revolución Castrocomunista?.

¿Les basta con los laureles Soviéticos siempre en cadenas oprimidos?.

Olvidan o nunca lo supieron que cuando una revolución no llena, no resuelve, no soluciona las necesidades que la motivaron, inmediatamente se está en la obligación ¡Se tiene todo el derecho! de crear una nueva y cuantas sean necesarias.

¿O es que solo se es progresista intelectual y revolucionario contra los déspotas en las naciones capitalistas y únicamente contra el Imperio Norteamericano?

Los Humanistas, Intelectos Excelsos que no se han dejado engañar que no se venden y que jamás temen, abroquelense para lo increible; Buscar una nueva doctrina porque las conocidas nada son ante el impudor, Castrocomunista.

Es una tarea dificilisima la de sujetar al comunismo que al igual que Proteo, tiene la propiedad de cambiar su estructura o forma cuando se le viene en gana.

Mientras permanece lo mejor del sentimiento Patrio entre rejas y no hay mayor deshonra para los hombres que habian sido dignos que la eterna memoria de su abulia ante tal ultraje.

No es suficiente la repetición agotadora de que el Capitalismo negligente, explotador inconsciente es semilla Oligarquica de la que brota el árbol torcido del totalitarismo comunista.
Por haber sido así no habra de desarraigarse el Maracure Soviético de la Isla distintivo de la más bella expresión de la Naturaleza.


Que tu oido se haga sutil.
Tu cerebro el deber tiene de tomar cada concepto por ellos vertido

de devanarlo, ser minucioso, analizarlo con toda responsabilidad si es o no Antifisiológico, si es humano o no.

Que no sean, por favor tus pocas o muchas frustraciones un acicatecate que a ellos te lleve, no te engañes ante la expresión de fanatismo cuasi religioso; Se sincero contigo mismo. Ten cuidado que la sociedad peligra cuando tú los escuchas, la Democracia por su equidad que nada teme jamás te prohibirá los oigas; Se tú también cortés.

Mas piensa en todo lo creado lo hecho por los que conformaron la nación en que vives, el respeto a las Instituciones que te han protegido y aún son tan magnánimas que permiten tal proselitismo avieso.

No sean la novedad y tus ocios antros de vicio pues estos dolosos son sofistas en la Universidad, traficantes de drogas en la obscuridad Doctrina que dice propugnar la amistad y no lo cumple jamás, insta a la fidelidad y luego te arranca la vida si aún a tu madre la das.

Nadie podra dilucidarte todo lo que en tal sistema cuando al poder está se da, más quienes bajo su férula han vivido saben que es falso hasta con sus difundidores.

Vive alerta, eterna amenaza es que cuando se le opone la razón busca cualquier otra cuestión pero jamás ceja.

¡Oh ustedes, los que a ellos se unén olvidad la más ínfima indepencia!

El Castrocomunismo ha sabido mantener en los desafectos al sistema que ellos imponen, que son casi todos los cubanos la esperanza segura que en algún momento les será posible escapar a Norteamerica.

Aunque las autoridades te autoricen a salir. «SIEMPRE TE ESCAPASTE» Instante sublime.

Nacer a la vida quien ya no estaba en el vientre materno; Resucitar quien aún respirando era muerto; Más y más y mucho más que escapar para nacer, para resucitar, para vivir; Escapar y morir para no verlos más para no oirlos nunca jamás.

Hasta los mas cercanos acólitos de los jerarcas mueren en esa espera, cuando no la de que «Los Yuma» El gobierno Norteamericano va a resolver.

Los que en realidad están con el desatino que llamandose gobierno revolucionario rige en Cuba, creen que no avanza lo que sólo hasta Abril de 1961, fué revolución y en la que gran cantidad de cubanos honestos creyeron, por que el poder de los Norteamericanos, les entorpece el progreso.

La idea cumbre, el gran ideal es erradicar el Imperialismo Norteamericano para que el Soviético prevalezca.

Así esperando o culpando llevamos 25 años.

Como cambian los cerebros los Castrocomunistas.

Una especie de tortura psíquica multitudinaria.

Las cabezas, los cerebros dentro de una campana fundida de fusilamientos, hambre, trabajo incesante, insomnio en largos periodos de vigilar al Imperialismo y al vecino; Estudio del Márxismo sin una dieta rica en proteínas; Y el badajo que repica repica llamando a misa negra, miente; El badajo, que repica y repica, golpea y miente conminando a misa de cuerpo presente es el hieródulo Castro, y su oratoria que miente miente.

Se esfuerzan las civilizaciones por ser eternas imperecederas, mas en vano unas tras otras las arenas del olvido las cubren.

Sólo sobrevive al tiempo las Pirámides, símbolo místico de vida y muerte.

Los hombres del futuro armados de equipos selectos encontraran en las Pirámides la explicación de todo pensamiento.

Mas habra confusión cuando en la investigación toque examinar el comunismo doloso, lodazal donde los equipos selectos asqueados no penetraran.

Las Pirámides, cumplido su Ministerio al arcano partiran llevando en su seno el preciado tesoro de lo bueno y malo que entre los mortales vieron; Pero del cieno comunista nada llevaran.

Supongamos, estás en razón que tus conceptos de equidad se acercan más a la realidad que los nuestros a través de ellos te has arrogado un derecho que va más allá de lo que como hombres ciudadanos y humanos aceptarte podemos.

Por lo tanto manifestamos nuestro estado de rebeldia a la autoridad de tu déspótico gobierno y teniendo en cuenta que te vales de cualquier medio para lograr tus propósitos aún siendo el representante de un régimen reconocido, aunque estructurado sobre los fundamentos políticos sociales económicos más obsoletos e antifisiológicos que imaginarse pueda, también nosotros haremos lo necesario para enfrentarte y lo obligado para derrotarte.

En noche que nada turba, cuando los Patriotas al egoismo proveidos de la Doctrina Martiana vencido hayan, se deslizará serena la Mirada Eterna, en una caricia a la amada tierra que ya recupera.

Al amanecer el Caimán será libre en el mar donde se baña el más bello rosicler.

Sois lo que al regreso nunca más partira por serventias de abrojos y ausencias ante la insania de malsano furor rojo.

Contaran al sopor del amado sol en la tierra de la caña siempre en flor, a la nueva generación los avatares del exilio y el bálsamo mujer de los Países desandado.

Y pasará más allá de la vida y la muerte la infamia de quien liberó palomas blancas en busca de fama.

Del culto a la personalidad sólo quedará para la posteridad la execración por tal estúlticia vana.


Los cubanos después de echar a los comunistas; De vencer la Psicastenia de quienes sufren la Pandemia Castrocomunista, haremos con el respeto de nuestros amigos la nación más Decorosa y Cívica del hemisferio.

Pues nuestro pueblo dividido en facciones se ha enfrentado a los Imperios más poderosos de la Historia.

La facción enemiga del, Imperio Norteamericano por negación de la realidad, por Castrocomunismo enfermedad alucinadora que causa la Psicastenia.

La otra facción, nosotros los no cantagiados que permanecimos con nuestros cerebros libres, enemigos de la más despiadada y cruel representación del Colonialismo Soviético.

Sepan los enemigos del Castrismo, nuestros amigos de hoy que cuando estando ellos al poder por haber derrotado al Castrocomunismo, no cumplan los deberes que implican el respeto a la sociedad genuinamente Democrática, nosotros los enfrentaremos.

Los comunistas enseñan que está mal Dios sobre todas las cosas.

Ellos dicen el hombre muere el partido es inmortal.

Esto significa que vivirá el hombre únicamente como zombie al servicio del partido.

El Catolicismo llegó a querer que todo se le consultara.

El comunista todo lo que quiere saber, fisgar, controlar.

Al sacerdote Católico todo había que confesarselo.

Al compañero jerarca del partido todo hay que delatarselo.
El sacerdote Católico escogia la futura esposa.

Los compañeros jerarcas del partido tienen estatuido como debe ser la payasada de mujer con quien permiten casarse al camarada.

Inmediatamente en base a la esencia mal oliente del mortal partido envian al camarada desposado a Sovietizar, mientras ellos fisgan a la futura madrastra. ¡Oh equivoco!.

Cuando regresa el malicioso mal intencionado miliciano servidor del Neocolonialismo Soviético se encuentra que está divorciado.

Los Católicos echaron libros a las hogueras.

Los comunistas clasifican los libros y los que ellos consideran subversivos los queman.

La Inquisición con Torquemada, al frente en España en nombre de su Dios purificaban en la hoguera a todo el que se entregaba al culto del diablo, convirtiendose en herejes, casi siempre poseedores de fortunas, Torquemada se las confiscaba.

En definitiva después de achicharrarse para que podia serles útil la riqueza que los habia hecho un 90 %, enemigos del Dios de Torquemada.

Los comunistas intervienen, nacionalizan o retienen los bienes en nombre de la revolución y el pueblo pero para beneficio de los Soviéticos y fusilan a todo el que se oponga al despojo. Total, que más da, para que van a dejarle una pobre vida en un País depauperado.


Contrato entre el Hieródulo Castro y el Diencefalo de gran parte del pueblo cubano.

Me comprometo a servirte en lo que desees, cuando lo órdenes y hasta que lo creas conveniente a cambio que nunca me dejes tiempo para pensar.

Por que si pienso, si analizo te tienes que marchar.


En Cuba bajo el poder Castrocomunista subsisten Intelectuales, Enciclopedistas, Linguistas perfectos conocedores del idioma Castellano, más no han pasado los umbrales del Kindergarten del decoro, cuando conociendo la burla semántica de la propaganda comunista no se oponen a ella.

Los pesares y las congojas, Mandragora criolla y Maracure Soviético se dieron un abrazo en Cuba, y esta es la hora que no los separa ni el pudor ni la honra.

Si conquistar un País, para la Democracia, liberandolo del comunismo dependiera de las armas ya haria mucho pero mucho tiempo que la Santa Rusia, estaria libre del dogma comunista de los Soviéticos.

Pero en verdad lo que vence es la doctrina y la doctrina comunista posee lo que les agrada a los pueblos que han vivido esclavos por largos periodos; Promesas.

Promesas tal el Cristianismo.

Estos pueblos ingenuos son como esas hermosas fieras de carnes divinas en esencia maligna que tanto más rebeldes somos más adoramos y que gustan de lo vacuo y repudian la realidad.

Para los pseudos Demócratas Capitalistas debieran existir principios humanos, Cívicos que los constriñan a detenerse cuando en su ambición desmedida estén creando causas para el comunismo incipiente.

Aunque no sean mas que unos ricos pobres imbeciles son los abonadores, fertilizadores del comunismo.

¿Porqué algunas formas del Cristianismo, que en verdad no son más que cadáver insepulto dan la mano al comunismo momia Paleolítica?.

Los ojos del que vive errante ven más lejos y el pensamiento se hace muy profundo.

Tal vez así introduciendo una cuña, quizas dos extremos que se tocan puedan algún día convivir juntos, y si no surte el efecto deseado siempre se puede sepultar el maloliente cádaver.

Supongamos que el fracaso se mueve.
El Castrocomunismo ha andado más que el ave Thor.

Terremotos, volcanes, ciclones, tifones, simuns, males todos, azotes a los que la Naturaleza somete lo que vive.

El hombre que de ella todo lo imita ni aún ahí se ha detenido y creó el devastador comunismo.

Señor de los Cristianos, a reclamarte vienen los cubanos justicia para la tierra en que nacieron.

Sus mayores les enseñaron a someterse a tus dogmas, más hoy de Tí se apartan muchos, pues ¿Dónde está tu amor tan propalado?

¿Dónde tu sangre por el género humano derramada?.

¿O hay un nuevo «Este es mi hijo amado y en el me complazco», Aunque a la cruz indigna de los criminales lo he condenado hasta el ¿Padre porqué me abandonas?».

Sí los niños cubanos sin pecados en la única primera vida al infierno Castrocomunista nacen encadenados.

No hay tierra, paraíso, lugar fuera del útero materno comparable a la Patria, aún más pero mucho más cuando es Cuba, donde la Naturaleza es un dechado de belleza una cornucopia.

Hay hombres proclives que han vivido en las sombras aún en pleno día y en su doblez que es tanta gozan con el sufrimiento de un pueblo que siempre ha sido el más noble.

Haber conocido estos engendros de imbecilidad nos ha hecho tanto bien que una vez más repetimos lo jurado. Libertad a Cuba.

Siempre en Cuba, han habido generaciones cual Arcángeles que velan la Independencia de la Patria.

Hoy el Lucifer comunista los venció y en ergástulas y sagrados campos nuestros presos y muertos claman porque se lave la mancha.

Hay madres cubanas que han sufrido tanto que sin haber muerto tienen alas en los doloridos corazones.

Porque no, si los Angeles las poseen sin haber penado en Cuba.

Eterna es la deuda con el Apóstol.

No reconocerlo es de apóstatas.

Cuando ante la doctrina Martiana, los cubanos de almas buenas y malas vibren estremecidos entonces términaremos con el Castrocomunismo.

Que nuestra lucha sea un Himno un Orfeón que conmueva al mismo sol. Cantemos todos ese Epinicio para que cese el escarnio comunista.

Si por bello gesto de la Naturaleza un cataclismo para bien de la humanidad pusiera fin al poder Soviético, o por la insuflación de una substancia libertaria el puño del pesimo hierro Soviético desapareciera.

Siempre habrían gansos en el Capitolio Norteamericano, todo lo contrario de aquellos que con sus graznidos salvaron el Capitolio romano, que presionando al gobierno de turno exigirian la construcción de un poder Soviético plástico.

Como que jamás la baba comunista pondra su dolosa planta en los Estados Unidos de Norteamerica, que puede interesarle a ellos, a estos gansos los pueblos que viven aplastados bajo la férula comunista.

El ojo del que vive errante ve más lejos. ¡Y atina!.

**Si se es Fisiólogo, se es Anticomunista.**

No Fisiólogo por el título; No fisiología sobre lo que está enfermo, fisiología en lo que es sano en lo que eres tú como ser viveinte con apetencias y necesidades humanas.

Fisiología en lo que es potencia voluntad de vivir, de crecer expandiendose en el espacio infinito sin trabas de la Libertad Natural.

Fisiología; Lago puro cálido de donde en remotos tiempos la Naturaleza fué selecionando lo más apto. Vivir para crear.

Laguna Estigia, pantano purulento y pestilente, reverso del hermoso lago niegas el bien de la Libertad y humillas la realidad humana; Vivir muriendo.

Castro, enferma desea enfermar, Castrocomunismo sinónimo de Pandemia negación de las funciones orgánicas.

Castro, masturbador sinonímico.

Tú en la Plaza; Tú siempre en la Plaza Cívica, y la multitud eterna prostituta, meretriz masoquista con su inopia de 25 años, con su sudor ofensivo agrio, molesto, con sed opresiva, cansancio físico y psiquico pero sin retirarse porque teme a cada ojo anémico a toda lengua contumaz ágil delatora que babea Castro, Castro ponzoña destilada en cada alarido febril, Fidel, Fidel, será nuestro viudo pues morimos por él.

Horda de rictus nervioso que sostiene con mano cadáverica la pancarta negadora de todo derecho ciudadano, condenatoria de toda chispa libertaria.

Multitud que aplaude su entierro y se alegra por su funebre vivir muriendo.

Ahí comienzas tú, brujo tus trapecerias taumaturgo que haces de viejas verdades, mentiras actuales, falsas realidades.

Elaboras tu dédalo Minotauro moderno.

Ya comienzas a comprometerles a hacerlos enemigos de todos a crearles compromisos y que crean fueron ellos quienes lo desearon y así crece tu sexualidad, así los posees Masturbador Sinonimico.

Que de influjos místicos mitico, religiosos o castigos por supuestos pecados pueden hacernos considerar que nos trajo a Castro y por consiguiente al Castrocomunismo con su secuelas de desdichas.

Absolutamente nada de eso es posible, en principio el pueblo cubano no ha sido jamás pecador; Pecador contra lo que es humano, Fisiologico, civilizado, contra natural nunca lo fué y faltas contra Cristo, no habia cometido más que las de cualquier otro pueblo.

Después de Cristo, todo lo humano es malo e inmoral como si Suulo al dejar de perseguir a los Cristianos, se hubiera hecho verdugo de todo el género humano.

El cubano ha sido respetuoso de lo Divino, caritativo y amigo denodado del necesitado, como anfitrión el mejor ya que nunca ni remotamente se practicó en Cuba, la xenofobia.

Es tan inherente la bondad en la mayoria de los cubanos que se puede considerar la liberalidad como un preponderante rasgo de la personalidad del mismo.

Aún hoy en la gazuza y la depauperación en que vive sumido, lo demuestra cuando todo lo da a quienes les hace creer, Castro que lo necesitan lo cual explota para su beneficio el partido del internacionalismo tiránico.

Son éstas cuestiones, éstas sofismas de que ha castigado la divinidad al pueblo de Cuba, nada más que funestisimas explicaciones que desean hacer valer los impotentes, los fanáticos religiosos y toda esa caterva de retrógrados que en tiempos de pánico se multiplican hasta hastiar a las personas dignas que sensatas enfrentan las calamidades con la razón.

Esos negadores de la realidad, estando al otro extremo se dan por dogmáticos las manos con los comunistas.

Nuestra única maldita culpa estriba en no haber desarrollado una doctrina unitaria y un proselitismo acorde, para enfrentar una dictadura foránea y por ende de una semblanza y esencia diferente a las anteriores.

Desconocida en el hemisferio sorprendió y engañó a quienes debían enfrentarla y llevar al traste las malisimas intenciones de quienes bajo la socapa de revolucionarios, no son mas que los enemigos más aviesos de la Libertad y el Humanitarismo.

Lo intentaron en Cuba, y casi logran sus propósito por la tendencia innata del cubano a la rebeldia y con desconocimiento de la falacia del comunismo que utilizó ese rasgo para entregar la bella Isla, al Imperio Soviético.

Casi, porque todos sabemos que no han logrado someter a los cubanos aún con la creación de las condiciones para la Psicastenia, y la imposición de las armas.

Ni el Dios de los Cristianos, o alguna otra deidad que pudiera suponerse existiera podrian condenar todo un pueblo a algo que ni El, o ellos hubieran podido soportar.

Sodoma y Gomorra fueron destruidas en un lapso dado a mas de que hubieron inocentes que se libraron del castigo; En Cuba, para quienes juzgan jamás hay inocentes o faltos de culpa contra el poder Castrocomunista; Nacer allí y querer subsistir ya es lesa Castrismo.

El mismo Armagedón. ¡Aceptandolo!.

Aceptandolo en el concepto de los que en el creen seria la vivencia de un final; Para principio de un estado de nuevo ordén, no un vivir en él, por lo cual nosotros los cubanos tenemos nuestro Ar? magedón, con algo más de duración en el tiempo y en el solo espacio de la Isla y no por justicia de un ser Divino.

Sí por injusticia de un hombre.

Se ha hecho al pueblo extremadamente marcial, las cárceles pobladas y super pobladas, «Todo lo de ésta gente es en grande, cuando de dañar al ser humano se trata».

Debido a la inmensa cantidad de delitos creados por las infinitas y abrumadoras leyes del gobierno corrupto que por el terror y la necesidad que el mismo le crea al pueblo, se le impone.

Satanás tentó a Cristo, una, dos o tres veces no infinitamente, sin echar en saco roto que en las escrituras se lee que Cristo era o es un ser divino.

No vivió el Nazareno en la Tierra, siempre martirizado, momentos tuvó de paz y sosiego, cosas éstas que no conoce el cubano digno

bajo la sevicia del Castrocomunismo. ¿Y porqué no exponerlo?.
Tampoco conocen la tranquilidad los que se le han sometido. ¡Ay!
De estos pobrecitos si se les ocurre tan sólo pensar en descansar.

Cuando los mate el hambre, en la agonia del vigilar y delatar a sus seres más queridos entonces podran holgar teniendo en cuenta que no le endilguen el adjetivo de mártir, y sea bueno para todo pretexto para todo ejemplo de buen esclavo.

Nuestro sufrimiento es de una dimensión única pero humana, terrena, avatares impuestos por hombres engendros de perversidad, cerebros idóneos en crear pesares en su ambición de poder.

Ustedes los que consideran la precaria situación de la Isla Distinta, como un castigo divino digole que nuestro deber es redimirla a como de lugar.

Fidel de cementerios.

Castro de huérfanos. ¿No pesa ya demasiado el éxodo inacabable sobre tu conciencia?.

Entra a la Iglesia, pidele a Dios para tí clemencia que Cristianos, para mi extraños de la salvación e inocencia de tu alma garantizan la anuencia si ante el que Es, te prosternas desconsolado, humillado, suplicando se olviden tus pecados.

Desatento, me marcho para no oirles y anonadado veo al igual que el Apóstol, que algunas Iglesias en lontananza tienen al atardecer la forma de un buho.


Lo que determina la personalidad que se posee en verdad es la conducta ante la adversidad.

¿Cuál fué el acontecimiento adverso a raíz del resonante triunfo?.

¿Que el gobierno Norteamericano no brindó la acogida debida a su visita?.

Ello no es suficiente para un viraje de tantos grados y en detrimento de toda una Nación.

Castro, pudo engañar a la mayor parte del pueblo cubano y así adquirir un crédito que no merecía al falsear su personalidad.

Pero al transcurrir del tiempo ha quedado al descubierto que la personalidad que diera a conocer en los albores de la pseudo revolución no era en verdad la que realmente posee. La personalidad cierta en él es la del Minotauro moderno, devorador de todo un pueblo.

Para aquellos ilusos ue conocierón y creyerón en el Castro, del año 59, las mentiras falacias e insidias de dicho hieródulo Soviético, durante todo el tiempo que lleva instaurado en el poder les a aclarado perfectamente quien es y hasta donde era y es capaz de fingir para el logro de sus propositos nefando.

Se parece a Cristo, decia la beatería estúpida siempre buscando ante que caer de rodillas, ante que doblar la cerviz, y seguían los hipócritas; tiene la misma edad que el Nazareno, al morir, 33 años, imbeciles de este tipo los hay en la Mitología Griega, que al ver el caballo ideado por Ulises, abrieron las puertas de Troya, para que así por su adoración los Griegos libidinosos los vencieran y folgaran con las bellas Troyanas.

Cristo, murió a esa edad, éste nació a la muerte de todo un pueblo y ellos los eternamente esclavos de cuanto dogma surge vieron similitud de personalidad donde habia el más grande abismo.

Pero ya hoy no hay engaño posible, y al que el pueblo comportandose femeninamente amó ya no existe.

La actuación traicionando los principios y la idiosincrasia del cubano y los deseos de devastar el Panamericanismo más los crasos errores, demostrado ha a los incautos, indolentes, desidias estultos, asiduos concurrentes a la Plaza Cívica, que éste mago asombro del siglo no acierta más que contra el pueblo.

Solo ellos fanáticos como son desean seguir adorando tal credo, idolatrando a un representante del Internacionalista Neocolonialismo Soviético, mentiroso en el 59, trapacero en el 61, sofista siempre Si se sigue danzando la derviche estúpida, no es él el responsable único si todos los fantoches que lo son más que los ingenuos del 59.

¡Ay! Si se parece a Cristo.

BASTA YA RAZA DE EUNUCOS.

¿Que desea el poeta?. Que tanta fe le brinda y no es el oro o la plata.

¿Será el Laurel, la banda o la esperanza grata de un pueblo dilettante que de lid sin pauta por las artes amantes.

Está orate el vate, ignora la ignominia, no sabe que el mal abate y vivirá en agonía.

Cree en su noble ideal fontana de luz nueva; Colgota inacabable de sal eterna cruz de prueba.

Pero si ante la cruz su redención viere dale de tu amor la fuerza Libertad que para la Patria él te quiere.

Sierra Maestra, mira el feudo de los Castro, inopia, gazuza del campesino hermano, girones bajo poder extraño, vileza de unos cuantos cubanos.

Alzase El Titán, en la huesa le conmueve el llanto del cuitado explotado por la doctrina aviesa y ellos ruega que ruega a su antigua fe.

¿No saben que Dios, ignora al derrotado, al mal alimentado?.

Fuego, flama, lava, arrasa, brota volcán del pecho del Apóstol, mata toda la raza morir mejor que para los Soviéticos, esclavos laboral.

Cristo de la Bahia Habanera, las descargas del pelotón de fusilamiento te hicieron sordo.

Sublimado no muevete el triste pueblo al verbo.

Ya no eres flámula que viva arde.

Los cándidos que a tu Santa Madre, en el Cobre y Regla adoración rinden del culto Hiperdulía los arrebatan los comunistas llevandolos a la cárcel.

Sierra Maestra, echa abajo Turquino, Guaniguanico, una las cimas y los valles, Canasi y Viñales y los cubra las aguas de Contramaestre, Agabama y Cauto.

El cubano del exilio es furor de carnes que le arrancan partes que dolor inenarrable sufren en la Isla.

¿Hasta cuando este desconsuelo para el exiliado?.

Vive rodeado de la felicidad en el bastión de la Libertad, más aunque una y otra vez beba de tan dulce fontana el alma idomita en la Pira Revolucionaria calcinada no se le calma.

¿Porqué triste, nostálgico corazón no te deshicistes cuando el cerebro que sustentas de roja rica sangre Mambisa con ideas felices no deshizo al Castrocomunismo.

Al pensarlo, los ojos quieren como algo candente que dentro del pecho atenaza dejar brotar.

Mas allá cuando eras niño te explicaron que los hombres cabales no deben llorar por lo que el honor obliga conquistar.

Para tu fortaleza espiritual, recuerda la escuela donde te educaron en el Cívismo inculcado por Céspedes, el del grito imperecedero en Yara para todo tiempo venidero, que sacrificando la carne de su sangre se hizo padre de todo cubano.

Héroe que incendiando con los Bayameses, creó la ciudad Monumento; Pira del Ave Fénix, Antorcha Liberrima de la Independencia Primera.

Agramonte, El Mayor, Centauro Camagüeyano que con la Fama por corcel y la Gloria por compañeros en carga Homerica rápido como la luz arrebató al Bringadier Sanguily regresandolo a campo Mambi, que al cautiverio lo llevaba la fuerte columna Española, los pechos ardidos los fusiles preparados, los Iberos en marcha fueron derrotados.

Maceo Invasor, Conquistador de los mayores anhelos que en las cargas escalofriante terror infundia a los valientes soldados.

Titán, Dios de la guerra, temible en las batallas; Caballero inmaculado en las salas.

Martí, que del seibo en el monte con su propia sangre lavó la mancha del esclavo ahorcado.

El barco negrero echa la grey humana ciento a cientos por el portón a la mar bravía que hoy engulle el bote y la balsa reuniendo restos africanos y cubanos.

Mariana, la que a Cuba, de hijas ideales llena que a los suyos le repetiran ¡Y tú empinate! Pues ellas de la madre de los Maceos, vibrando en el corazón lo llevan.

Sólo queda cubano del exilio ante tan gran pasado Historico que perseverar.

El alcohol, no, pues mata la lucidez del cerebro y es mal social a más que destruye la raza humana.

La droga nunca, siempre asquerosa repelente no es ni para los Ilotas buen paliativo.

El suicidio, mas también en tu educación inculcaron que no es de hombres con problemas por resolver.

Embriagarte en el Nepente más sublime las mujeres, cual nuestra azúcar, flor de caña, azucena en carne humana acicate del ideal.

¿Mas puedes tú ardiente enamorado de la Libertad y la Equidad amarlas sin entregarte completamente?.

¡No! Pues la ardorosa, vehemente alma cubana se da toda o no se da. El cubano que se precie de serlo ama a la mujer con el mismo tremendo infinito ardor que pelearon por la Independencia los primeros Patriotas, y ve en cada ser del sexo femenino una débil flor que debe amparar.

Serán dos fuegos, dos Piras terribles a consumir el espíritu del Patriota.

El amor a la Patria, ausente; El amor al bello Nepente, que puede matar con su desdén.

Consumete en esos fuegos cubano del exilio pero no cedas.


Cubanos probos tenemos un derecho tal que se convierte en deber inalienable de índole que dejarlo de cumplir es dejar de ser.

Este derecho a la vez deber no es derivado tan solo de un contrato social, político doctrinario u religioso ni donde solamente se encuentre en juego nuestra postura como hombres viriles que se nos conmueve la razón cuando miramos de frente a un compatriota integro, honrado o a nuestras madres y hacendosas mujeres.

Va mas allá de la honra a nuestros Mambises, del compromiso con el Apóstol y el Titán de Bronce.

Este derecho deber está por sobre todo.

Es humano, independiente de cualquier doctrina.

Comunista u Castrocomunista, confundida o esclarecida.

Nadie puede adueñarse de las voluntades por tiempo indefinido.

Ningún ciudadano debe ser tan poderoso como para desterrar infinito número de compatriotas indefinidamente.

Los Griegos, más de 20 siglos atrás, castigaban los delitos considerados políticos, con muchisimo menos rigor.

Ellos condenaban en el hombre la conducta que dañaba la sociedad por, la falta ciudadana no por el odio al hombre ni para ventaja del particular.

Ni pueblo alguno puede advenirse a enajenar su Libertad ciudadana e albedrío humano, por futuros beneficios materiales o espirituales, o por temor al regreso de un pasado que ha dejado de ser nefario producto de un presente innarrable.

Que cese de cualquier modo y ateniendonos a las responsabilidades que se deriven en consecuencias no ya solamente lo que sufren nuestros compatriotas pseudos libres en la Isla, sino los dos extremos que hacen uno los hombres que se encuentran en la peor sociedad en las mas dificiles condiciones. (Los presos políticos) y los libres en el exilio que viven en una ergástula espiritual, el ostracismo indefinido, la más terrible de las prisiones para hijos de un pueblo amante de la Patria.

Cese ya la sonrisa impudica, ludibrio de nuestro dolor.

El tétrico dedo índice no más marque pautas dictadas por el cerebro ergotista.

Los muertos por la Libertad de la Patria en Himno imperecedero harán conocer que no fué en vano.

Era en la soledad para los primeros exiliados dosel que los cubria, paño que las lágrimas enjugaba; La razón que los aupaba.

De ignominia las calumnias y ella con dulce cólera las deshacia.

Madre que entre hijos fogosos dulces lazos ponia.

Cual soles las lejanias mas ella las recorria.

Las alturas eran de montañas y ella las ascendia.

De mares las fronteras, no obstante ella a la Isla arribaba.

Río que cara al sol en sangre con el se unió y ella traspasada de unción seguia camino de la redención.

Por fieras huestes, columnas impenetrables las trochas guarnecidas mas ella las deshacia.

Con piedras, rocas ferreas hechos los muros que el paso estorbaban y ella aunque dejando lo mejor de lo suyo los pasaba.

Hoy, ahora, dice al alcance de la nueva Independencia.

A quienes me busquen con respeto en ésta Filosofía, a quienes me sueñen en éste dolor doctrina yo le doy como hermano aunque no sea cubano de mis franjas blancas azules con la estrella solitaria en el triángulo rojo, un ósculo un abrazo que la brisa perfumada desde mi pedestal les lleva y en el futuro todo amparo porque la primera y única expresión de poder en la nueva República será el respeto inmarcesible a los Derechos Humanos Democráticos Verdaderos, no los vilipendiados y mil veces humillados por el comunismo falaz.

Pero aquellos que aún siendo mis hermanos pesadilla hagan de mi suedo libertario los alcanzaré con el fuego del furor Anticomunista revolucionario.

Y dice más la Bandera, dice, no más rosas blancas a quienes me arrancan el corazón.

Yo cultivo cardos y ortigas para aquellos que intenten desarraigar el pensamiento Martiano.

He tratado atrapar el pajarraco gris de la esperanza más en vano. ¡Ah desvario!. Siempre me deja las manos heridas y plenas de realidades razonadas.

En mi desesperanza he intentado coger de los pelos la rana de la fe, pero ella resbaladiza babosa como es se va al pantano dejandome en el vado Filosófico.

Yo contumaz he querido en la mujer saciar la sed, error del sediento que en el Sáhara de las injusticias Oasis ve en las salinas.

Palmeras esbeltas y Huríes en las enanas sin cerebros, sin almas espírituales ví.

Todo ello antes y después, de la ciudad desolada en la hermosa elocuente madrugada que en mi ánima construye una Lisboa, antigua y señorial.

Me devuelve a la realidad el eco de los pasos hacia el amanecer inevitable, sé por lo que murió en la noche de ayer que en el nuevo día lo que el Castrocomunismo, al pueblo crédulo le anuncia es el mismo porvenir de antes de ayer.

Pero no le dice que no uno o dos hijos sino muchos de madres cubanas descansaran por siempre en el jardín de coral del **Mundo Silente**.

Tampoco que entraron por las puertas que todos saben, los que por fuerza estando vivos mueren para los familiares.

Ya el pajarraco gris como era de cenizas con el viento turbulento se fué y cosa rara para algunos, la caja de Pandora, ahora en el escudo de Palas Atenea es.

La rana babosa se ahogo por estar infinito tiempo, desde que se le creó, en el laberíntico pantano de las irrealidades.

Y las simas innobles, muladares de salinidad se refocilan en las piaras enemigas de la estoicidad Independentista.

Yo tengo en mi para nuestra Habana, una infinita hermosa elocuente madrugada primaveral u otoñal donde nunca más los **Castrocomunista**, amaneceran.

Una romántica materializada, real Lisboa, antigua y señorial por donde el estro del Apóstol le agradará vagar.

Cuando vuelvas extranjero o cubano ingrato, cual esquife frágil a mis playas olvidadas y recuerdes que antes del funesto furor rojo, yo fuí espíritu romántico que los sostuvo en la adversidad fueran ricos o pobres y que en mis bahías todas las barcas temerosas del mal tiempo político o de la Naturaleza, refugio encontraron. Les hervirá en los cerebros la lava de los desagradecidos.

Cuando ustedes vean mis paredes engalanadas, en paisajes alegres la tristeza trocada, los techos y columnatas de mis casas solariegas y palacios restaurados donde el sol amoroso arrancará destellos argenteos.

Cuando veas cubano o extranjero ingrato al regreso los extensos paseos guarnecidos por Laureles y Seibos, y los Flaboyanes en flores generosos dandole al ataruecer un beso, te sentirás humillado por no haberte enfrentado a los Vándalos rojos que destruian mi belleza.

Cuando las Palmas Reales, te saluden de lejos como solo ellas saben hacerlo, limpiando tus sucios ojos de mal agradecido, con su blanco tronco ceñido por el penacho esmeralda vegetal que a los Cenzontles susurra secretos de ríos, timbres de cristal, anécdotas de montañas y valles, arpas y liras celestiales, no pidas perdón.

Y cuando los cubanos te saluden al paso no lamentes entonces los 25 años de holgarse en la Naturaleza, que al género humano el Castrocomunismo arrebató.

Suponiendo que tú no fueras la hecatombe de males que eres.

Ahora que ya todo cubano de vergüenza te conoce en verdad y sabe fehacientemente que con ayuda de la Psicastenia inoculastes en sus cerebros el virús Castrocomunista; Si pudieras nuevamente anonadarles y trastrocar todo el daño en bien a excepción de uno.

Aún siendo tú un divino portento, la maravilla del hemisferio, solo por ese único mal, solamente por poner tus manos desmedidamente por economía o no se que maldad sádica sobre las esbeltas hermosas novias Martianas, mereces el repudio de todo cubano.

En fin por el vándalismo cometido con la Palma Real, somos tus enemigos.

El comunismo niega la realidad persigue y fusila la verdad, es enemigo acerbo de lo Fisiológico.

Trata despiadadamente a la naturaleza humana.

El comunismo rebaja al hombre disminuye la capacidad de potencia al marginar la Libertad, la vida misma.

Términa por hacer del humano un automata, un zombie despreciable que sólo piensa en un porvenir inalcanzable.

En esa doctrina el hombre no vive si no muere cada instante es el enterrado en vida, con la diferencia que no descansa como probablemente lo hacen quienes físicamente están muertos.

El comunismo es la negación del hombre, la negación del humano como tal; hace de él, del Homo Sapiens, una herramienta con mayor diversidad de aplicaciones que las convencionales.

Antifisiológico y esclavizante como es va contra la individualidad y superioridad de la razón inteligente de una persona capaz cabal, sobre un moroso que en incoherente verborrea a ellos como bienhechores de la sociedad aclame.

Desea por el terror y el hambre hacer un rasero que iguale a todos y a todos hunda en el pantano de la igualdad, de donde los jerarcas del partido extraén a quienes se avengan a su demencia.

Los jerarcas del partido no se aburren de ver al hombre de rodillas ante lo que desde que hizo eclosión ya era arcaico.

Nosotros, una gran parte de los Anticomunistas no deseamos más igualdad que la del punto de partida; Todo lo demás es falaz, es Castro comunismo hipócrita y toda su cacareada esencia de igualdad no es mas que esa vieja taumaturgia de todo sacerdote para toda caterva, para toda canalla fanástica. Así dice el fundamento, la verdadera alma de milano de estos sacerdotes «Has lo que te digo y

no lo que hago» Y si es el Castrocomunismo, agreguele «Si haces lo que te digo pero por no haberte prevenido de que se ha cambiado el designio del decreto, o por causas fortuitas lo de ayer ya no lo quiero hoy, y tú mi fiel cancerbero seguidor lo haces;
Yo te fusilo.

Los pueblos Africanos, se han hecho independientes o están en vía de serlo; Quieralo que no los viejos colonialistas dogmáticos Europeos. A que viene ahora hacer del Nuevo Mundo, una Siberia.

Es feo y muy deshonesto que entreguemos tal herencia al siglo 21; 16 años tenemos para que comience luminoso sin la lepra comunista.

Está por terminar la centuria que a 19 años de haber nacido le brotó un carcinoma social que en una metástasis sin precedentes de enfermedad social alguna ha desarrollado una pandemia hasta hoy indetenible.

Los hombres del Mundo que se dice libre participantes en la Segunda Guerra Mundial, que conocieron a los pauperrimos combatientes Soviéticos, los cuales se asombraban ante la más mínima invención que pudiera facilitar la existencia, deben saber que hoy a 40 años, siguen asombrados los nacidos tras la cortina del mentiroso hierro Soviético. Y son estos gobernantes que mantienen a la Madrecita Rusia, entontecida los que desean atemorizarnos con sus cohetes.

El más increíble de los antes y después, el mas fenomenal es el comunismo, sus hieródulos lo saben fracasado y aún continuan haciendo por implantarlo a expensas de la desaparición del hombre contemporáneo.

Aún más estas gentes viven y proliferan del y en el fracaso.

Ustedes los desconformes, levanten otra tribuna de donde señalar los males porque cuando el comunismo rige ustedes los que nacen con facultades de parlamentarios hablan menos que el Pitecántropos Erectus y ni del sol tranquilos podran disfrutar, el Neaderthal, incivilizado lo tomaba donde le viniera en ganas.

Recuerden el Cromagnon pintaba sin sufrir censura, los antropoides comen sus raíces y frutos sin fiscalización.

Cosas estas que no le permiten hacer al hombre de hoy en una nación sojuzgada por el comunismo, donde abroquelarse en una religión cualquiera que esta sea o pensar en una doctrina que no es la oficial significa la muerte.

Son estos delitos contra los poderes del estado: Contra la propiedad estatal, etc. etc. ¡¡¡Y el poder es el pueblo!!!.

¡Oh vosotros los que entráis, abandonad toda esperanza!. Dante.

Cua Cua, ranas con fisonomia humana.

Hay hombres y hay Cua Cua, los segundos son aquéllos que habiendole concedido la Naturaleza, atributos de hombre, se dedican a ingerir todo tipo de falsedades (Suciedades) por digerir algo.

Ejemplo: El partido es inmortal.

Esa frase es de la abuela del dogmátismo quien desea introducirla en el Diencefalo, porque en la corteza del cerebro tal estupidez no puede resistir el más mínimo roce de realidad.

Los Cua Cua, tragan todo porque tienen más interes en mantener los intestinos repletos aunque sea de heces antifisiológicas que el cerebro ocupado en analizar lo que con ellos se desea hacer.

Cua Cua, como las ranas de la fábula, que no se sentían bien, sin un rey que las ultrajaras.

Suciedades que les agrada ingerir sobremanera.

Tú esposa hace guardia cuidando los intereses del partido, para lo cual te descuida a tí y a tus hijos, (Tú eres un Cua Cua, de los buenos) acabando así con la tradición hoy más que nunca demostrada, que la dama que se precie de serlo debe ante todo amar y cuidar esposo e hijos en el hogar.

Cuando algún Cua Cua, logra atisbar un algo de luz en la dogmática servidumbre en que vive en la tenebrosa lóbrega inexpugnable selva del partido, y estupefacto se propone negarse a defender los intereses que tiene como esencia el internacionalismo esclavizador, inmortal explotador del pueblo Ruso, y países de Europa Oriental, se expone a que los restantes batracios lo lapiden e inmediatamente tragandose sus balbuceos nauseabundos de ¡No!. El Cua Cua, tiene que partir a destruir la naciente Independencia, de algún sufrido pueblo Africano, que acababa de librarse de los viejos dogmas esclavistas de la falsa Europa.

Está el Apóstol en mármol, los dulces ojos en ira trocados despiden lampos de furor por tanto horror.

El pensamiento puro cual rayo de sol rompe el pecho de piedra y aplasta al sofista que llamandose cubano contra su memoria atenta.

En el verbo de Martí, está el arco iris que dará fin a ésta tempestad.

El cubano libre y ahito que piensa en Cuba, y por ella siente cuando desea comer no sabe que alimento escoger, solamente pensar en ello le causa desasosiego.

No hay ninguna otra razón mejor para saber que el fin que pauta el dedo indice detestable en la Plaza Cívica, es el hambre organizada.

Todos esos hombres buenos que en ciertos estadios de la civilización proliferan no obstante la mala fe del resto de la raza humana, podran algún día tenerlo todo casi arreglado aquí en la Tierra, aún haber vencido el racismo, negocio tan lucrativo y entonces, lanzarse a la exploración de las civilizaciones allende a las estrellas de nuestro Universo, donde la poderosa humanidad espera encontrar la explicación de nuestro principio y fin.

Pero siempre tendran sobre si que de las infinitas cabezas que corten al comunismo quedará la llaga social en que los hombres vivirán inquietos.

Esa lacra, lapa que se alimenta de sangre humana y que jamás deseará dejarnos, no se aviene a concertar arreglos mas que para ganar tiempo y al igual que la serpie de Lerna, donde se le extirpa una cabeza dos surgen inmediatamente.

El comunismo como virus se hace fuerte a todo antiguo antibiótico.

La mejor posibilidad para neutralizarlo, es eliminar hasta donde sea necesario los medios en que se cimenta el infortunado comunismo; La ignorancia de los pobres, el egoismo desmedido de los ricos.

La evolución historico política, social económica, cultural del ser humano a través de toda clase de claros oscuros nos da hoy el panorama del Capitalismo en la Democracia amalgama y estado de la más alta propensión al progreso.

Azul rosa para el futuro de la humanidad, rosicler del que todo lo esperamos.

Ironia no pudieran existir armas nucleares Soviética, alta tecnología Soviética, esto último está por ver, ya que constantemente la buscan entre sus enemigos, y a través del robo; En Cuba, nada funciona, nada sirve todo por responsabilidad del bloqueo Norteamericano, en que quedamos tienen o no tienen, o es que poseen lo que no sirve, a ol que ibamos; Al punto que nos referiamos, no podrian tenerlo sin la ayuda de los gobiernos Norteamericanos, que los alimentan; ¡Para que ellos, los Soviéticos, tengan fuerzas para matar de hamber a medio Mundo!.

Cereales y más cereales para estos enemigos del género humano.

El concepto genuino de la palabra Democracia, se ha tergiversado, y se ha hecho más amplio con el uso que le dan los gobiernos Norteamericanos; Quien iba a decirle a Clístenes, a Solón, que Democracia era alimentar a los Persas, a los Espartanos, que Ateniense lo iba a creer; Pericles no la hubiera organizado.

No hay nada que desagrade más que esa idea absurda de la Democracia, de cooperar al fortalecimiento del enemigo, muy Cristiano, ama a tus amigos y a tus enemigos, pero ello trae un enredo, que se termina por no saber quien es quien.

Y mucho más desagradable es cuando ayuda a quienes mantienen la estúpida pesadilla de hacer a la Isla Distinta, una colonia Soviética, Yo estoy por pensar, yo estoy por pensar no; Seguro es que los Norteamericanos, los Gobiernos, mantienen a éste promotor de la moderna esclavitud para que los pueblos que viven en el Feudalismo, que sufren los males del Capitalismo, la maldad de los gobiernos vernáculos se conformen.

Esto está surtiendo efecto, ya dentro de lapso muy corto nadie deseara librarse del Capitalismo explotador para ir a reparar en las garras del deshumanizado poder Soviético.

Sin embargo la Democracia, en los fundamentos de la vida Norteamericana, mantiene al poderoso Capitalismo bajo un régimen de control que da una verdadera égida al pueblo, crítica de toda índole y aún más no acepta se intente marginar a quienes están abiertamente contra él.

Es ésta la situación social donde siempre se puede más.

De ninguna manera quiere decir la frase anterior que Marx, y Engels, hayan errado del todo al considerar en su teoría, que los cambios de estructuras sociales son inevitables, producto de las contradicciones internas en las sociedades por los obligados cambios de los medios de producción.

Alguna razón tenián y dentro del Capitalismo, actual que está muy lejos de ser el que ellos conocieron y criticaron, más que todos en el Norteamericano, se transforma se avanza inexorablemente en busca de mejorar los medios de producción, la vida toda.

Y la Democracia vela porque sea así en bien del pueblo Norteamericano, en todo sentido.

Aunque aún en detrimento de otros.

Contradiciones que al superarlas han mejorado el Capitalismo, sin destruir su estructura básica fundamento del progreso de tal forma que ese duo pensador de estar entre nosotros tendrian que Restructurar o mejor echar al muladar ideológico su teoría.

Marx, pobre malhadado impostor que del Libertador, pensaba mal y escribia peor.

Quien nunca hubiera sido sustituto idóneo es el Marxismo, apología de la igualdad no posible.

¡Oh vosotros! Que por las injusticias sufridas en el Capitalismo, del comunismo esperad algo mejor cread otra doctrina, no seais estultos.

Que gran cosa el Pragmatismo, aunque a los espíritus sensibleros les lime un poco el cerebro hipócrita.

Lo que es útil esa es la realidad.

He ahí implicitos los cambios, he ahí una Filosofía de avanzada.

Ya no hay que matar más indios; Ya era hora ante el empuje de la unidad de los negros, concederles el disfrute de los Derechos Civiles, pues ellos considerandose ciudadanos de éste País, ¡Lo cual son en todo el concepto! de todas formas lo iban a lograr.

(Con sus deberes que no deben ser olvidados).

No digo que ese pasado fué bueno, que terrible degradación del hombre fué; Lo que diré es que en el comunismo estaria peor que al principio.

En estos tiempos estamos los enemigos del comunismo no amigos, jamás del explotador Capitalismo en las pseudos Democracias, en el exterior de los Estados Unidos Americanos, porque se ponga sobre el tapete una utilidad que sería una poderosisima ayuda a la busca de la verdad.

Que reconozca el Imperialismo Norteamericano sus errores y desmanes como policía internacional.

Iluso pues quien podria hacerlo es en verdad quien más sostenda a los comunistas depradadores, explotando o permitiendo que exploten a los pueblos hasta lo insoportable y al final una estulta tardía piedad al projimo.

La historia, no la del Marxismo, si no la del género humano es un constante fluir, un renovar infinito, manantial del que brotan nuevas aguas aún siendo el mismo.

Todo lo verdaderamente civilizado, todo lo humanitario e inteligente está presto a cambio a revisiones e innovaciones; (Eso es lo que hace que el Imperio Norteamericano, nunca pasará).

Excepto claro está, el comunismo dogmático como no ha habido ningun otro negador, cerrado a toda novedad, excluyendo toda revisión; Alimentandose del rencor de la pobreza material privada de Marx, sufre el obrero el boomerang Marxista.

Sosteniendose contra la realidad en el odio de prisión Siberiana de Lenin, contra la estúpida imbécil Aristocrática lepra Zarista Rusa. De ésta amargura amalgamada se nutre el fantasmagórico poder Soviético destructor de todo principio progresista.

Vitriolo que vierte en la sociedad humana, lo odian todo pero lo que más repudian es el campesino, porque éste ama la Naturaleza y a ésta ellos los Soviéticos no han podido, no pueden aherrojar del todo.

Doctrina que han esgrimido hombres protervos con intenciones acerbas para con sus pueblos.

Enemigos del género humano que sin ubicarse en tiempo y espacio viven adscripto al pasado retrógrado deseando imponer a las nuevas Libertades el esclavizante comunismo.

¡Oh tú! Juventud que vives anonadada por tanto bienestar, anda con tiento busca otro entretenimiento a tus ocios de burgues pues de catecúmeno de los comunistas no vas aportar a la humanidad ningún fin humanitario.

El Capitalismo vigilado de cerca por la Democracia, por su esencia misma interés egoista se adapta a las exigencias que las evoluciones socio-económicas de la Democracia le va planteando.

Sagrados son los beneficios para el capitalista por ello cuando los ve amenazados rectifica la forma de explotación para no perderlo todo ante las leyes Demócraticas, o sea es plausible extraerle mejoras.

En el comunismo olvide todo bienestar sientase feliz, asaz dichoso si conserva la vida en el mare mágnun de prisiones, trabajo forzado delaciones y censuras que ellos ofrecen en pago al sometimiento de los pueblos que desconociendolo no lo vieron llegar, probablemente por desidia de quienes buscaban terminar los males sociales por ellos conocidos.


Bolívar, Venezolano que desbrozastes el camino, pionero Panamericano; El más grande pensador y gentil cubano como hijo respetuoso ante tí de hinojos en Caracas estuvó.

Hoy un malhadado impostor nunca Americano, jamás cubano manchar quiere tu sol.


Si aceptamos que los hábitos llegan hacerse hereditarios veremos entonces como el Castrocomunismo es Antifisiológico, pues la generación de cubanos que tomados por sorpresa se les impuso la coyunda Castrocomunista han engendrado hijos que sin aún haber llegado a la pubertad ya hacen asco al sístema.

**LES PRODUCE NÁUSEAS EL CASTROCOMUNISMO.**

Esto ha sido así porque es imposible que lo abiotico se haga biotico, cuando es la práctica deshumanizada de un sístema sin respeto alguno por los más elementales derechos ciudadanos.

No hay organizaciones ni personas de mayor ingenuidad que quienes hablan de derechos humanos y sin embargo no se les ocurre entrar a la Isla Distinta, Lágrima Antillana Pena Caribeña, para inspeccionar el de los cubanos; ¿Ingenuos, cobardes o hipócritas?.

Ni aún derechos animales les queda al cubano en la Isla Distinta.

Las más sencillas funciones fisiológicas se convierten en un engorro en (La tierra más hermosa que ojos humanos hayan visto).

Ironía.

Estas simples necesidades son un gran problema a resolver para los cubanos, pues viven en constantes inhibiciones que los desmoralizan convirtiendolos en piltrafas que sólo asimilan las consignas Castrocomunistas, impuestas por el terror en un estado de pánico.

En el hombre normal se agita el asombro, late la curiosidad, una vez más instado por lo que aquí se manifiesta, se trata de denunciar de hacer llegar a quienes lo desconocen, cultivese la Filosofía y si alguien duda de la veracidad del asunto, no fie en lo expuesto vaya allá, estese con ellos; ¡Con el pueblo!. Y comprobará que es nada lo enunciado en relación con lo que experimentará.

Después no piense no diga que lo que aquí se expone no es cabal, que no se ha sabido verter toda la realidad; Comprenda que no es posible narrar toda la esencia de la monstruosidad Castrocomunista, y que ni aún la más completa y excelsa entre las bellas artes, la Literatura, al plasmar es capaz de igualar la imponderable vivencia. A lo nuestro: Consignas y decretos, decretos que el Castrocomunismo emite a su capricho y el Malhadado Impostor por voluptuosidad.

Les ha llegado a cambiar el medio Ecológico.

¿Nacido hemos los cubanos para la desgracia y la esclavitud moderna? Di Dios de los Cristianos, contesta gobiernos del Imperio Norteamericano.

La contesta del primero será mística, paradójica presta a muchas interpretaciones como sectas tiene entre Católicos y Protestantes.

La segunda, no es necesaria sabemos es uno de los responsables y además si permite se mantenga es porque conviene a sus intereses.

Les ha cambiado el medio Ecológico, a través de un programa preconcebido donde entra en juego hasta la distribución de los escasos alimentos.

No distribuyen la clase de alimentos a que tenian costumbre los cubanos, o son los menos.

No se les entregan los que le han obligado aceptar a ingerir en el tiempo por ellos, los Castrocomunistas prefijado.

Se espera ese día con ansias de hambriento y cuando llega algo sucede para que no pueda ser obtenido lo que se ha estado aguardando todo un mes, que es el lapso entre jolgorio y jolgorio, porque saciar el instinto de la gula, comer es una fiesta cuando se puede debidamente hacer.

También se le crean al menesteroso diferentes angustias antes que adquiera los alimentos al igual que los combustibles o los medios para confeccionarlos, utilizando ésta necesidad como un chantage constante para inducir a la delación la traición, y la aspereza la deshonestidad y hasta el odio aún en el seno familiar por dificultades con los escasos productos que hay que dividir en infinidad de porciones: La familia es un caos donde reinteradamente se producen peleas por robos de alimentos, todo está tan bien programado que muy pocos se libran de llegar a esa situación.

Estos seres casi paupérrimos no tienen tiempo ni fuerzas físicas y psiquicas mas que para pensar como lograr algo en el perseguido mercado negro para solventar la necesidad perentoria de comer.

Todo esto al cubano le afecta en gran manera la psiquis pues nunca fué un pueblo como otros pueblos Americanos que poseen en sus sociedades clases pobres que en las Democracias Capitalistas se hacen expertas en pasar hambre.

Si por un prodigio la producción anual del Japón toda y de los Estados Unidos de América, le fuera cedida al gobierno de Castro, al pueblo de Cuba, no iba llegar absolutamente nada; Absolutamente nada, como que él, Castro, y los jerarcas del partido tienen a su alcance todos los productos capitalistas siempre, para ellos el prodigio no seria una novedad significativa.

Sólo el Soviét, que inmediatamente lo recogeria, tal recoge toda la producción cubana, se beneficiaria.

Cual Filipo Segundo, rey de Macedonia, que prohibio a pueblos Ictiófagos por él conquistados comer pescado, Castro cohibe al pueblo comer lo acostumbrado.

La limpieza de la casa (Casa porque en Cuba, hogares no hay). Y el cuerpo cosas más que atávicas en el cubano, les ha costado a muchos convertirse en maleantes según las leyes arbitrarias, en Cuba hay que delinquer para la casa limpiar el cuerpo asear.

La más sencilla de las costumbres, salir al campo pongamos por ejemplo; A recoger una fruta silvestre, una flor, si logra encontrarla el apoderarse de ella es un delito contra los poderes del estado, etc, etc,. Ni en los Miserables, el personaje Jean Valjean, es tan acosado.

Usted ciudadano del MUNDO QUE SE DICE LIBRE, desconsiderado como es con lo que se está sufriendo en Cuba, usted ciudadano pruebe a dejar de comer lo que acostumbra por un tiempo, digamos una semana, intentelo junto con sus familiares, por favor.

¡Cambie! ¡Canjee! por otros alimentos que nutran más o igual pero a los que usted y los suyos no tengan costumbre y que posiblemente no les sea agradable al paladar para que vea como se complica, o suspenda la sal tan solo añada a esto que usted no va a pasar hambre, no va tener que pelear por los alimentos.

¡Y el colmo! Ellos están produciendo elaborando los mejores productos del mar del campo en un País tropical, ellos es el pueblo.

La ropa es un caso idéntico, similar, nadie tiene más empeño que el pueblo se cubra con harapos que éste Antisócratico, que envidioso quiere crear toda una nación que emulando a Antístenes y a Diógenes, se cubra de pingajos, no le interese comer ni tener hogar, he ahí como este Anticristiano, que labora por mantener al pueblo a un tris del traje de Adán, pero fuera del Edén, imita a los virtuoso de la Filosofía.

Robar, hurtar a pequeña escala ya para muy pocos es motivo de vergüenza, o sea el laboratorio social donde el Castrocomuniso, deforma al hombre funciona.

Y que se desea de los últimos exiliados, que sean cándidas ovejitas, no sea mojigato, si el comunismo sólo amenazara con matar la mitad de todos los exiliados no estarían aquí, pues el cubano Anticomunista, demostrado ha que no teme morir.

Pero el verdadero interés de los sádicos en el poder es arrancar la dignidad ir contra lo que es probo.

No soporta la altivez el orgullo del individuo como ente humano que es.

Y si el individuo aceptando que se le despoje de todo pretende únicamente aspirar al Nirvana Budista, él, Castro, Malhadado Impostor intenvendria el Nirvana, nacionalizaria la identidad con la nada, y Buda, oiría como se le endilga una nueva historia.

No desea que el hombre siga siendo en la escala animal el ser superior lo necesita en una total animalidad.

Es tal el desequilibrio emocional del pueblo en cuanto va a comer, cuando lo hará que círculan versiones de Antropofagia.

Como el de una mujer que mató a su hijito con partes de cuyo cuerpo confeccionó alimentos que sirvió al esposo, padre de la criatura, después de ingerirlos, cuando el ha insistido en preguntar por el hijo; La madre loca le ha contestado, tú lo has comido y abriendo la nevera le ha mostrado los restos. ¡Familia privilegiada que posee refrigerador?

No es exagerado, no es necesario.

No suceden éstas o parecidas cosas porque la gazuza sea tan tremenda como en una ciudad sitiada a la que no llega nada y los débiles son devorados por los más fuertes, o como náufragos sin provisiones.

Lo del Castrocomunismo es hambre programa para desequilibrar al ser humano y entonces se dan los casos de enajenación.

La insania el caos y el suicidio son comunes y van de la mano con el régimen comunista.

El Castrocomunismo, al igual que el referido Filipo Segundo de Macedonia, padre de Alejandro, El Magno, mueve pueblos completos. De las montañas del Escambray, en la Provincia de Las Villas, fueron sacados de sus casas todos los campesinos y llevados a Miramar, en la Habana los del sexo femenino y los del masculino hasta la edad de 12 años, se les constriñó el perímetro de un reparto residencial.

Hacer esto a campesinos que generación tras generación vivierón en grandes espacios en campiñas frondosas colmadas de aves canoras donde las Palmas Reales, son las columnatas más hermosas de las Catedrales.

Recluirlos entre piedras y asfalto (Asfalto y piedra robados, camino de lo derruido).

Habiendolos traidos de unos de los lugares más bello de la Isla.

Los hombres fueron condenados a más de 10 años, a cumpilr en el Cinco y Medio, funestisima prisión sita en la Provincia, Pinar del Rio. Delito: Sospecha de que pudieran ayudar a los alzados.

En las casas de estos infelices, se alojaron milicianos.

El éxodo del Mariel comenzó cuando se le puso sitio a una Embajada, para que no entraran más de 10,800.

Fué un pueblo lo que se encarceló por ello y otro el que hostigaron en un lugar de la costa llamado Mosquito; Al frente las bayonetas y los perros, al fondo el acantilado el mar, para las necesidades fisiológicas de niños, mujeres y hombres en vergonzante promiscuidad el acantilado el mar, para dormir sentarse o huir de las bayonetas y perros, el arrecife.

Se les aguijoneó como bestias en el puerto del Mariel hasta subir a los barcos, un pueblo no palustre que flotó en la sucia bahía.

En todo ese tiempo comieron como es debido sólo cuando abordaron las embarcaciones, con heridas de bayonetas mordidas de perros y contusiones de todo género.

Fue un pueblo parte del cual se hundió y ahogó en el Golfo, un pueblo del que comieron los tiburones; Todo un pueblo escarnecido vejado, lacerado para vergüenza de ustedes Naciones Unidas, para oprobio de ustedes civilizados del Mundo Libre.

Como el marino experimentado que ante la inminente borrasca tenaz astiba el horizonte incierto en busca de la luz que augura puerto seguro y cuando la vislumbra diligente, presuroso pone proa a ese derrotero.

Ya la sufrida nave resguardada en la delicioso dócil bahía, el marino sagaz da descanso al cuerpo placer al espíritu.

Así el cubano escudriña el espacio desde su Isla Caimán, Lágrima Antillana, Pena Caribeña, buscando el faro del bastión de la Libertad, al arribo se solaza en el bienestar.

Mas su ideal espíritu de Palma Real. cautivo en el bravo pecho mantiene pues no desea que algún osado con frases soeces se lo hiera.

Aunque no esté toda mustia aún la flor de su alma, enferma vive porque no le hace bien soportar que a su Patria le cohiban hacer Libre quienes desde el faro Mujer con antorcha, le marcaron el rumbo, le señalaron el derrotero.

Tal el ave rapaz, áspera terrible en la caza se lanza impetuosa sobre lo que creyó una presa y en su veloz vértigo descendente, conoce que a si mismo se ha engañado habiendo tomado por débil ser a dura roca mármorea que agigantandose ante su ferocidad crece, más ya no puede detenerse y el corvo pico mella, las ferreas garras pierde y el cruel pecho se hiende.

De esa manera el Castrocomunismo, contra el pueblo se estrella.

Mire usted que cosa, los Soviéticos no se atreven en su irrespetuosidad hacia el ser humano que es tanto como para intentar hacer de Cuba, una extensión de la tundra Siberiana, ir hasta donde el gobierno Norteamericano, se vea obligado a castigaros dejandolos morir de hambre, paralizandole su famosisima técnica industrial. ¡Un radio Soviético necesita para funcionar de máteria prima Norteamericana!.

Sin embargo Castro, llega y se pasa ya tiene usted idea de las necesidades de la técnica industrial cubana, lo cual como todo mal repércute en el pobre pueblo.

Los hombres deben ser sencillos, no simples y cuando se haga necesario depondran el orgullo de la sencillez en aras del bien ajeno.

Llegado el momento de cumplir con el ideal Patrio y la sociedad humana están obligados a auparse por sobre todo y ser capaces no sólo de mover montañas sino de conmover conciencias y algo más agobiante y dificil aún aunar voluntades, hermanar ideas hacer que algunos ubicados en esferas más idóneas fundamenten doctrinas; Teniendo en todo ese desarollo hacia la conquista de lo justo la comprensión y sensibilidad de captar el más tenue palpitar humano porque su prójimo es hoja en otoño de las circunstancias.

Quién o quienes así se crecen van camino de la cúspide del Chimborazo, que es llegar a Caracas y ponerse caer, estar de hinojos como un hijo tal el Apóstol, ante el Libertador.

Si se desea, mirandolo como formación el comunismo pone a prueba el estoicismo.

Enfrenta la capacidad de la psique del individuo a las peores presiones que se han hecho a un ser humano.

El que término el curso de vivir en Cuba y aún ame a sus semejantes puede considerarse un superdotado, pero no porque se lo dicte la religión sino que es capaz en su raciocinio de comprender las mezquindades del hombre en la suciedad Castrocomunista, y pasando por sobre ellas disculparlas.

Si se hace necesario, de todas las formas para emascular un hombre sin tocarlo físicamente, el Comunismo es la de mayor habilidad.

Hombre superior del día, el que vive en una sociedad comunista sin vender el decoro y ante todo por el precio que se haga necesario mantenerse Anticomunista.

He ahí una psique superior.

Puede en un cilindro de papel el hábil Cartógrafo poner un punto y muy atareado aprovechar todo el vasto espacio en trazar para el futuro los contornos del Mundo.

Puede el Pintor célebre, ducho en colores y luz sobre el lienzo tejer, el retrato de una joven de faz tal que la honra abstracta por todas partes en el mañana aún se columbre.

Pero le son insuficientes sus habilidades, sus estros, al Cartógrafo al Pintor para trazar, para tejer la imponderable belleza Natural de Cuba y la hermosa sonrisa de una mujer cubana antes del furor Castrocomunista.

El Dante, por la admiración que le causó Beatriz creó un poema ante el que se inclina respetuosa la más encumbrada Emperatriz.

La Naturaleza sabiendo que éstas cosas serian así para no ser menos que el Toscano inmortal, creó a Cuba.

El poema, aún a los humanos agrada.

La Isla, la saña de un desagradecido devasta.

Parece que dominasen pasiones de recónditos tiempos, remotos prehistóricos sentimientos malsanos en el injusto proselitismo Castrocomunista.

En espuertas con odios atávicos vierten la insensibilidad en el diario subsistir.

113

Cada ser es con relación al semejante, un gladiador en la arena que solo vela por conservar la miserable existencia esclava para complacer al César.

Imperecederos instintos de inaudita raigambre salvaje emergen en cada contacto entre las personas que en la descomposición social Castrocomunista, bajo estado hipnótico perviven; Astucia falacia, gula; Presente dice cuanto al hombre civilizado hace menos, denigra disminuye en retorno al Preadanismo.

El humanitarismo tan pregonado, propalado hasta el agotamiento, en realidad no es mas que la soapa de un crimen contra la humanidad, haciendo de la Isla Distinta una lástima, una larga grande inmensa Lágrima Antillana que ahoga la risa, amarga la sonrisa.

Pena Caribeña, tristeza del Caribe, desidia de las Democracias.

Heme aquí tras la oportunidad de descargar la centella furiosa del desprecio.

¿Por incomprensión hacia la conducta de mis compatriotas embaucados por el proselitismo Castrocomunista?.

¡No! Yo se hasta la saciedad que les han robado la personalidad le han trastocado la idiosincrasia.

¿No obstante podre dominar la repulsión a los infelices que por temor o ladina bajeza sirven o son incondicionales del Malhadado Impostor?.

Un buen Cristiano, ungir las heridas de quienes lo persiguieron, de mirra y áloe desearia.

Yo no puedo aceptar el Cristianismo que estoy seguro al mismo Cristo desconoce, ni ungir heridas a mis perseguidores, abrir rasguños eso si desgarrar hasta la médula me cuadra mejor, preferible verlos perecer, eso haria, pues revisando nuestras desgarraduras aunque el fin que pretendo es edificante, lo desprecio.

¿A cuantos de vosotros Anticomunistas verdaderamente lacerados me asemejo?.

Sean sineros para con vosotros; Palmas orgullosas, sabias en lograr Laureles de gloria aún llegados al exilio en las peores condiciones, en las mayores desventajas.

Nuestro desprecio puede para algunos parecer mezquino, pero es humano realista y no debemos obrar con falsedad, la verdad te hace libre.

Es producto del padre la madre, hermanos, amigos, de todo cubano en la Diabetes, en la Úlcera, en el Asma, en la Artritis, es odio a la secuela del Castrismo en el organismo de nuestros seres queridos no acólitos del comunismo.

Es el repudio a la mentira en que se educa a la niñez para que desconozca los valores humanos y es la execración a la inopia en que está sumida la inocencia.

Es el sentimiento adverso a las descosiderada formación de delincuentes, de estar contra la promiscuidad de seres inocentes en las cárceles junto a los criminales de siempre en lascivia antinatural.

Este desprecio se agiganta al recibo de la carta que puede escapar de la censura y pide ayuda.

Es el sentimiento normal hacia quienes denigran, martirizando la calidad humana.

Y por sobre todo porque tanto a favor como en contra, el Castrocomunismo nos roba la tranquilidad, el sentido de la equidad y nos marca con la fatalidad aún a los vencedores de la Psicastenia.

Ignorante ni para bien o mal lo dejes llegar a tí.

Este libro acabóse de imprimir
el día 30 de enero de 1986
en los talleres de
Editorial Vosgos
Barcelona
(España)